키스톤디자인

창의설계

Keystone Design: Creative Design

Edition by
Catholic College, The Catholic University of Korea

Printed in
THE CATHOLIC UNIVERSITY OF KOREA PRESS

KEYSTONE DESIGN
CREATIVE DESIGN

키스톤디자인 창의설계

가톨릭대학교 학부대학 지음

가톨릭대학교출판부

프롤로그

"어떻게 하면 학생들이 5년 후, 10년 후에
자기 역량을 발휘하며 가치 있는 삶을 살아갈 수 있을까?"

우리는 오랜 시간 이 물음에 대한 답을 찾아왔다. 기술 혁신이 급격한 사회 변화를 이끌어 가는 오늘날, 미래 사회를 살아가야 하는 학생들에게는 적극적으로 갈등을 해소하고 새로운 가치를 창출할 수 있는 능력이 필요하다. 따뜻한 마음으로 공감할 줄 알고, 더 나은 내일을 위해 당대의 문제를 발견하며, 새로운 관점을 통해 창의적 아이디어를 제시하고, 이를 구현할 수 있는 역량을 가졌을 때, 지금의 학생들은 예측 불가능한 미래에도 당당하게 자신의 삶을 펼쳐 나갈 수 있을 것이다.

『키스톤디자인: 창의설계』는 인류가 발전해 가는 가운데 사회 곳곳에서 발생하는 숨겨진 문제를 찾아 학생들이 협업하여 해결하는 과정을 다룬다. 특히 삶의 질, 성장과 분배, 자연과의 공존, 평화와 국제 연대, 기술과 혁신 등 사회·경제·환경 문제에 책임감을 갖고 적극 대처할 수 있는 구체적 해결 방안을 찾아내는 데 중점을 두고 있다. 그 과정에서 신속하고 적절한 혁신적 해결안을 제시할 수 있는 디자인 사고, 데이터를 수집하고 분석하여 문제 해결 절차를 설계하는 체계적 사고, 다양한 양상의 갈등을 타개하고 공동체성을 구현하기 위한 사회참여적 사고, 머릿속 생각에 머무르려는 타성을 극복하고 기존의 관점을 가로질러 넘어서는 크로스오버 사고가 서로 유기적으로 상호 작용하며 통합적으로 훈련될 수 있도록 구성하였다.

이 책은 복합적 문제 해결 능력을 함양하고자, '창의설계' 과정을 〈문제 찾기〉, 〈문제 이해〉, 〈해결안 탐색〉, 〈해결안 설계와 적용〉의 4단계(Step)로 제시하였다. 그리고 다시 이를 〈공감하기〉, 〈문제 분석〉, 〈핵심 파악〉, 〈문제 정의〉, 〈문제 분해〉, 〈발산하기〉, 〈패턴의 응용〉, 〈절차적 설계〉, 〈구현하기〉의 9활동(Action)으로 세분화하였다. 워크북 형태로 구성된 이 책의 각 장별 키워드를 이해하고 다양한 활동을 실행하면서 반복해 나가다 보면, 공감과 창의, 협업과 공유의 가치에 이를 수 있을 것이다.

키스톤(keystone)은 석조나 벽돌 구조의 아치 맨 꼭대기에 넣는 돌을 지칭하는 말로, 이 돌을 빼면 아치가 무너져버린다. 그런 의미에서 『키스톤디자인: 창의설계』는 기본 핵심 역량을 길러주는 단단한 버팀돌이자, 변혁적 역량의 시금석(touchstone)이 될 것이다. 새로운 교육 패러다임을 구축하는 데 특별한 관심과 애정을 갖고 믿음과 배려로 힘을 북돋아 주신 총장님과 학장님, 올바른 답을 찾기 위해 고된 길을 함께 걸어가시는 학부대학 교수님들께 이 자리를 빌려 진심이 깃든 감사를 전한다.

집필진

목차

공감하기

문제 찾기	문제 이해			해결안 탐색			해결안 설계와 적용	
공감하기	문제 분석	핵심 파악	문제 정의	문제 분해	발산하기	패턴의 응용	절차적 설계	구현하기

※ 활용한 활동에 ○표시를 하거나 활용한 순서대로 번호를 써 보세요. 복수로 선택할 수도 있습니다.

어떤 문제를 찾아 해결할 것인가는 '공감(共感)하기'에서 시작한다. 정신의학자이자 심리학자인 아들러Adler, A. W.는 '공감은 남의 눈과 귀와 가슴으로 보고 듣고 느끼는 것'이라고 했다. 다시 말해 상대방의 입장이 되어 그들의 관점에서 생각하고 행동하여 무엇이 불편한지를 체험하고 아는 것, 그것이 공감이다. 공감하기는 문제를 찾기 위한 일종의 조사 활동 단계이지만, 환경 조사나 시장 조사와는 다르다. 공감하기는 현상(fact)에 대한 파악이 아니라, 타인에 대한 이해와 가치를 추구하는 행위이다. 현상이 가지는 가치와 의미에 대해, 현상으로부터 발생하는 다양한 문제에 대해, 그리고 그 문제로 인해 불편을 겪는 사람들에 대해 생각하고 해결의 실마리를 찾는 것이 중요하다. 공감하기는 정보를 수집하는 활동이 아니라 의미를 찾는 활동이다.

이 장에서는 해결할 가치가 있는 문제를 발견하기 위해 공감하기 과정을 살펴보고자 한다. 문제를 찾기 위해서는 문제 상황 안에 놓인 사람들을 자세히 관찰하고, 직접 현장 속으로 들어가 경험해 볼 필요가 있다. 이러한 경험을 토대로 공감이 형성될 때, 비로소 해결할 가치가 있는 문제를 발견할 수 있다.

1 공감 : 타인의 이해와 가치의 발견

공감은 사람을 이해하는 과정에서 일어나는 행위로서 타인의 입장에서 그를 이해하고 그들의 고통과 불편함을 발견하여 함께하는 것이다. 공감은 우리의 감성을 통해 인식되는 가치이고, 상대방의 입장에서 생각하고 행동하여 그들의 문제를 찾아 해결해 주는 '첫 단계'이다. 공감한다는 것은 사회에서 발생하는 각종 격차를 발견하고, 사회적 약자에게 발생하는 문제를 해결하고 더 나은 세상이 되기 위해 노력한다는 것을 뜻한다.

제레미 리프킨Rifkin, J.의 『공감의 시대』에서 마틴 호프만Hoffman, Martin L.은 아이가 성숙해 가는 과정에서 일어나는 공감적 각성(Empathic Arousal)을 다섯 가지 유형으로 설명하고 있다. '운동성 모방과 구심성 피드백', '고전적 조건화', '직접 연상'은 언어 이전의 현상으로서 대부분 기계적·무의식적으로 나타난다.

'운동성 모방'은 행동과 정서적 흉내를 일컫고, '구심성 피드백'은 어떤 느낌을 직접 경험하기 전에 다른 사람이 갖는 느낌에 공감하는 것을 말한다. '고전적 조건화'는 서로 관계가 없는 자극에 대해서 이전에 학습된 경험에 의해 동일한 반응을 보이는 것이다. '직접 연상'은 곤경에 처한 상대방의 상황에서 자신의 괴로웠던 상황을 떠올리는 현상이다. 이 세 가지 유형은 인간이 선천적으로 공감을 표시하고 유대감을 형성할 수 있도록 만들어 준다. 다른 두 가지 유형은 언어와 인지가 발달하면서 나타나는데, 이는 의도적으로 훈련해야만 성숙한 공감 의식으로 나아갈 수 있다. 이 두 개의 상위 인지 유형은 '매개된 연상'과 '역할 취득'이며, 이때 '매개된 연상'은 관찰자가 상대방의 고통을 통해 자신의 유사한 경험을 연상하는 것을 말한다. 관점 취득이라고도 불리는 '역할 취득'은 관찰자가 느끼는 고통을 자신이 겪는 일로 상상하는 것이다. 고도의 인지 과정을 요구하는 이러한 단계로 올라가기 위해서는 관찰하는 훈련 과정이 필요하다.

우리가 타인의 고통에 공감하기 위해서는 세심한 관찰과 이해가 우선되어야 한다. 공감의 대상, 관찰의 대상으로부터 고통을 발견하기 위해서는 그들의 마음과 시선으로 바라봐야 한다. 그렇게 해야 타인의 관점에서 해결되지 않은 문제가 무엇인지, 충족되지 않은 욕구가 무엇인지 발견할 수 있다. 가장 성숙한 형태의 공감적 반응은 한 개인의 곤경에 공감하고 그 고통이 그가 속한 집단 전체의 경험으로 나타나, 결국 자신의 고민으로 경험하는 것이다.

2 직접 관찰하기

공감을 통해 해결할 가치가 있는 문제를 발견하기 위해서는 고통 받고 있는 사람들 속으로 들어가서 직접 눈으로 보고, 그들이 겪는 상황을 경험해 보는 과정이 필요하다. 관찰은 사람들이 어떤 상황에서 어떤 행동을 하는지 살펴보는 것이다. 『생각의 탄생』에서 모든 지식은 관찰에서부터 시작된다고 말한다. 이 책에서 저자는 수동적으로 보는 행위와 적극적인 관찰 행위를 구분한다. 관찰 행위는 한 가지 감각에 국한되는 것이 아니라 촉각, 청각, 미각 등 모든 감각을 통해서 일어날 수 있다. 다시 말해 관찰은 '그냥 보기'가 아닌 '주목하기'이며, '흘려듣기'가 아닌 '경청하기'로 적극적인 관계 맺기를 말한다. 적극적인 관계 맺기를 통해 우리는 관찰하는 대상으로부터 무엇을 보려 하는지, 무엇을 찾으려 하는지를 찾을 수 있다.

관찰은 다양한 방법을 활용해서 할 수 있다. 관찰을 하는 특별한 방법은 없지만, 대표적으로 5W1H, AEIOU 등을 활용한다. 5W1H는 언제(When), 어디서(Where), 누가(Who), 왜(Why), 어떻게(How) 행동을 하고 무엇(What)과 상호 작용을 하는지 살펴보는 것이다. 스탠포드대학 디자인 스쿨에서 제시한 AEIOU 관찰법은 행동(Activities), 환경(Environment), 상호작용(Interaction), 사물(Objects), 사용자(User)를 중심으로 관찰하고 분석하는 것이다. 이는 특정 공간(E)에서 영향을 받는 사람(U)이 어떤 활동(A)을 하여 어떤 사물(O)과 특정 상호 작용(I)이 일어났는지를 알아보는 것으로, 얻고 싶은 정보가 무엇인지를 파악하는 데 있어 유용한 기법이다. 예를 들어 식당에서 일어나는 문제 상황을 AEIOU 기법으로 분석해 보자. 어떤 행동들이 일어나고 있는가? 사람들이 무엇을 하고 있는가?(A) 사람들이 음식 주문을 하려는 데 어려움을 겪고 있다. 그 활동은 어디에서 일어나고 있는가?(E) 음식 주문 키오스크 앞에서 일어나고 있다. 의사소통의 종류가 무엇인가?(I) 키오스크를 통해 음식을 주문하는 디지털 의사소통이 이루어지고 있다. 어떤 아이템과 기

5W1H 관찰법

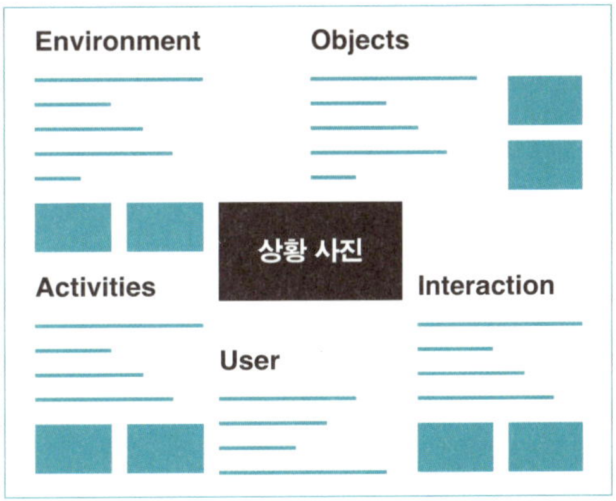

AEIOU 관찰법

술이 사용되었나?(O) 음식 종류를 선택하고 주문하기 위해 터치스크린을 사용하고, 직접 결제해야 하며, 문제가 생겼을 때 호출 벨을 눌러 스피커로 직원과 이야기를 나누고 있다. 사용자는 누구인가?(U) 키오스크 주문에 익숙하지 않은 노인들이다.

문제를 발견하기 위한 관찰이 잘 이루어지기 위해서는 무엇보다 관찰자의 자세가 중요하다.

관찰자가 가져야 할 자세

- 상대방의 말투, 표정까지 꼼꼼하게 기록하고, 사전 양해를 구한 뒤 녹음을 하라.
- 상대방의 말과 행동에 대해 판단하지 말아라.
- 관찰 대상을 인터뷰할 때는 예, 아니오로 답하는 닫힌 질문이 아니라 열린 질문을 하라.
- 관찰 현장을 사진으로 촬영하여 남겨라. 인물 중심의 사진을 찍을 때는 반드시 동의를 구하라.
- 주요 관찰 지점을 찾을 때까지 집중하라.
- 관찰 대상의 행동 패턴을 발견하라.

3 문제 발견하기

관찰을 통해 공감을 하게 되면, 우리는 무엇이 문제인지를 발견하고 다음과 같은 질문을 하게 된다. "어떻게 하면, 사회에서 소외된 사람들이 겪는 불편함을 조금이라도 없앨 수 있을까?" "어떻게 하면 이 장치(혹은 장비)를 좀 더 편리하게 만들 수 있을까?" 이러한 질문은 우리에게 단순히 제품을 설계하거나 편의성을 추구하는 방법이 아닌, 새로운 해결 방안을 찾게 만든다. 문제 발견하기는 사회 안에서 사람들이 불편하거나 고통 받는 문제를 해결하기 위하여 혁신적인 방안을 찾으려는 목적을 가지고 있다. 우리가 발견해야 하는 문제는 아직 명확하게 정의되지 않은 문제들, 해결책을 제시하기에는 정보가 부족한 문제들, 사람들의 요구에 강한 영향을 주는 문제들, 상황 및 정황이 변화되는 문제들이다.

스토리 공감의 뿌리

'내가 아기라면 어떤 느낌일까?' 하고 추측을 하며, 자연스럽게 다른 사람의 감정을 이해하는 수업이 있다. 캐나다의 유치원 교사였던 메리 고든Gordon, M.은 가족 간의 공감이 아이들의 교육에 긍정적인 영향을 줄 것이라는 생각에서 '공감의 뿌리'라는 프로그램을 만들었다. '공감의 뿌리' 수업은 간단하다. 이 수업에서 아기는 꼬마 교사가 된다. 아이들은 1년 동안 3주에 한 번씩 아기를 만난다. 엄마와 함께 교실에 들어선 아기는 녹색 담요 위에 앉아 있고, 아이들은 아기의 얼굴과 행동을 세심하고 주의 깊게 지켜본다. 아이들은 아기의 표정과 몸짓의 의미를 이해하며, 아기의 입장이 되어 생각한 감정들을 말한다. 아기가 느끼고 있을 것이라 생각한 감정이 자신의 마음속에도 있다는 것을 알아채는 한편 다른 사람들도 자신과 똑같은 감정이 있다는 사실을 깨닫게 되는 과정을 배우는 것이다. 공감할 줄 아는 시민으로 성장하기 위해 공감 능력을 길러주는 '공감의 뿌리' 수업은 캐나다를 시작으로 미국, 영국, 호주 등 7개국, 약 40만 명의 학생들이 참여하고 있다. 메리 고든은 다음과 같이 말한다. "정서적 해독력은 타인과 연결되어 있다는 느낌입니다. 좀 더 인간적인 세상을 위해 감성의 해독력, 곧 공감은 필수입니다."

Roots of Empathy
Racines de l'empathie

'공감의 뿌리' 로고

'공감의 뿌리' 프로그램 활동

사례 1 음식물 쓰레기 양을 70% 줄인 '무지개 식판'

'왜 집보다 학교 급식에서 발생하는 음식물 쓰레기가 더 많을까?' 이 물음은 서울의 한 중학교 학생들이 시작한 프로젝트의 출발점이었다. 이들은 점심시간에 식사를 하는 학생들을 자세하게 관찰하면서 새로운 사실을 발견하게 되었다. 급식을 나눠주는 학생들과 급식을 받는 학생들 사이에서 서로 원하는 음식량에 차이가 있다는 것이었다. 먹고자 하는 만큼 덜어줄 수 있도록 이들은 식판에 선을 그었다. 음식량을 스스로 조절할 수 있는 무지개 식판이 탄생한 것이다. 무지개 식판을 사용한 후, 학교 급식에서 발생하는 음식물 쓰레기가 70% 감소하는 효과를 가져오게 되었다.

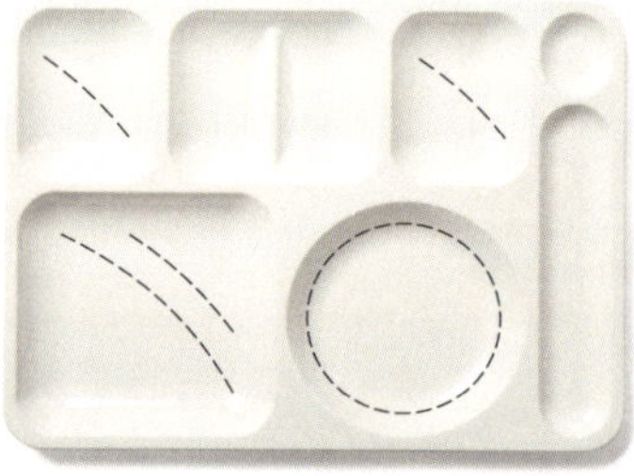

무지개 식판

사례 2 '스냅 팩'(Snap Pack)으로 1,200톤의 플라스틱 폐기물 줄여

흔히 대형마트에서는 캔맥주 6개를 하나의 팩으로 묶어 판다. 이를 '식스팩 링'(Six Pack Ring)이라고 하는데, 이 플라스틱은 저렴하면서도 내구성이 좋아 많은 기업에서 사용하고 있다. 그러나 고리 형태의 이 링은 경우에 따라 동물들에게 치명적인 무기가 될 수 있다. 몸이 끼어 기형적인 모습으로 변하거나, 부리에 걸려 먹지 못해 굶어 죽는 경우가 종종 발생하는 것이다. 환경단체들이 플라스틱 고리를 잘라서 버리는 운동을 진행하고 있지만, 사람들의 관심도 부족하고, 잘랐을 때 날카로워진 단면이 오히려 더 위험할 수 있다는 의견도 있다. 이를 해결하기 위해 덴마크의 세계적 맥주 브랜드 칼스버그는 이 링을 대체할 '스냅 팩' 기술을 개발하여 도입하였다. 3년의 실험 끝에 완성된 이 접착제는 습기에 강하고, 6개 캔의 무게를 견딜 수 있을 만큼 튼튼하기도 하다. 캔을 좌우로 당기면 쉽게 분리할 수 있다는 점도 혁신적이다. 칼스버그의 이 기술을 통해 연간 1,200톤가량의 플라스틱 폐기물을 줄일 수 있게 되었다.

스냅 팩 원리

활동 1

오늘날 사회에서 발생하는 문제들에 대해 이야기를 나누며, 각 팀에서 관찰하고자 하는 상황을 선정해 보자. 팀별로 관찰하고자 하는 상황이 정해지면, 직접 기록하고 사진 촬영을 해 보자. 이후 관찰 기록물과 자료를 5W1H, AEIOU로 정리하여 문제 발생 상황을 파악해 보자.

1. 문제가 발생하는 상황을 5W1H에 따라 기술하기

문제 발생 상황	언제 (When)	어디서 (Where)	누가 (Who)	왜 (Why)	어떻게 (How)	무엇을 (What)

2. 문제 발생 상황을 AEIOU 관찰법으로 분석하기

셀프 체크리스트

- 관찰 상황과 목적에 맞는 방법을 선택하였는가? ☐
- 충분히 많은 사항을 확인하였는가? ☐
- 현장에서 일어나는 상황을 파악할 수 있을 정도로 구체적으로 기술하였는가? ☐

MEMO

활동 3

위의 활동을 검토하여 우리 팀에서 발견하게 된 문제는 무엇인지 잠정적으로 규정해 보자.

셀프 체크리스트

- 관찰과 인터뷰 등을 통해 찾은 문제에 대해 공감이 되었는가? ☐
- 발견한 문제가 실제 문제인가? ☐

문제 분석

문제 찾기	문제 이해			해결안 탐색			해결안 설계와 적용	
공감하기	문제 분석	핵심 파악	문제 정의	문제 분해	발산하기	패턴의 응용	절차적 설계	구현하기

※ 활용한 활동에 ○표시를 하거나 활용한 순서대로 번호를 써 보세요. 복수로 선택할 수도 있습니다.

이 세상의 문제는 여러 대상의 이해관계가 복잡하게 얽혀 있어 특정 대상의 필요를 충족하려고 할 때, 다른 대상에게는 예상치 못한 부정적인 영향을 끼칠 수 있다. 문제의 원인과 결과 또한 단순한 상관관계, 일방적 인과관계를 넘어서는 복잡성을 가지고 있어 하나의 요인을 변화시키면 여러 요인이 동시에 영향을 받게 된다. 거미줄처럼 얽혀 있는 관계들을 이해하지 않고 문제의 원인과 결과를 단순한 인과관계로 파악하여 해결하고자 한다면, 예측하지 못했던 장애나 부수적인 효과들이 나타날 수 있다. 따라서 문제와 관련된 개인, 단체, 기관들 간의 이해관계 및 여러 요인들 간의 상관관계를 파악하는 것은 문제 해결 방안을 도출하는 데 매우 필수적인 과정이다.

문제 분석이란 문제의 복잡성을 파악하는 과정을 의미한다. 이 장에서는 문제 분석을 위하여 '알고 있는 것'(What We Know)과, '앞으로 알아야 할 것'(What We Need to Know), '알아낼 방법'(What We Need to Do)들을 정리하여 'KND 차트'를 작성한다. 'KND 차트'에서의 자료 수집 계획에 따라 문제의 원인, 문제로부터 야기되는 결과, 문제와 관련되어 있는 대상들 간의 관계를 조사한다. 자료 조사 결과는 자료의 적절성, 타당성, 신뢰성을 기준으로 유의미성을 평가하여 선별한다. 마지막으로 문제와 관련된 대상, 요인 및 그들 간의 관계를 다이어그램으로 작성하여 문제의 복잡성을 파악한다.

1 문제 분석을 위한 사전 단계 : KND 차트

문제 분석을 위한 첫 단계는 문제와 관련한 정보 수준을 파악하는 것이다. 문제에 대하여 사전에 알고 있는 것을 파악하고 추가적으로 알아내야 할 것들과 그 방법들을 고민하면서 자료 수집 계획을 수립하여야 한다. 먼저 문제에 대하여 이미 알고 있는 것(What We Know)들을 선별해야 하는데, 이때 사전 지식의 정확성을 재검증할 필요가 있다. 다음으로 문제를 이해하기 위하여 알아야 할 것(What We Need to Know)들을 리스트로 작성하되 문제의 원인, 결과, 해결 필요성과 장애 요인 등을 다각적으로 살펴볼 필요가 있다. 알아야 할 것들이 구체화되면 이를 파악하기 위한 자료 조사 방법을 계획한다(What We Need to Do).

자료 조사 및 평가

자료 조사

자료의 유형은 단행본, 국내·외 저널, 신문기사, 백과사전, 각종 통계 자료, 사진 등 매우 다양하다. 최근에는 온라인 검색을 통해 거의 모든 유형의 자료에 접근할 수 있다. 자료를 수집할 수 있는 방법은 다음과 같다.

- 대학의 도서관, 국회도서관 홈페이지 등의 디지털 도서관을 활용하여 단행본, 국내·외 저널, 연구 보고서 등을 조사한다.
- 구글, 네이버 등의 통합 검색 엔진을 활용한다.
- 정부나 관련 기관에서 제공하는 통계 자료, 연구 보고서, 사례 등을 조사한다.

자료의 평가 및 선별

조사한 자료를 수합한 후 해당 자료를 평가하여 선택적으로 활용한다. 홍보를 위해 작성한 자료, 개인 및 기관의 입장을 대변하는 자료, 악의적인 편집 등을 통해 왜곡된 자료 등을 선별하는 과정을 거치지 않는다면 잘못된 결론에 도달하게 된다. 특히 인터넷을 포함한 정보통신기술의 발달로 방대한 양의 정보가 빠른 속도로 공유되어 효율적인 정보 수집이 가능해진 동시에, 잘못된 정보 또한 무분별하게 전파될 수 있어 주의가 필요하다. 다음은 캘리포니아 주립대학교에서 개발한 CRAAP(Currency, Relevance, Authority, Accuracy, Purpose) 테스트로 모든 유형의 자료에 적용이 가능하다.

- **적시성**(Currency) : 정보가 출판/게시된 시기 확인, 정보가 수정/업데이트된 시기 확인, 필요한 정보가 최신 정보인지 확인, 온라인 자료일 경우 링크가 제대로 연결되는지 확인한다.
- **관련성**(Relevance) : 문제와 관련된 것인지 확인, 대상 독자가 누구인지 확인, 자료의 수준이 적절한지 확인, 여러 출처의 자료를 조사한다.
- **권위**(Authority) : 저자/출판사/출처/후원기관의 권위 확인, 저자의 직업/전문성을 확인한다.

- **정확성**(Accuracy) : 정보가 증거에 기반한 것인지 확인, 다른 출처의 정보 또는 사전 지식과 일치하는지 확인, 단어나 톤이 편견이 있거나 감정적이지 않은지 확인한다.
- **목적**(Purpose) : 정보의 목적(전달/학습/판매/엔터테인먼트/설득 등) 확인, 사실/의견/선전 중 무엇인지 확인, 정치적/이데올로기적/문화적/종교적/제도적/개인적 편견을 담고 있는지 확인한다.

2 문제 분석 방법

문제를 분석하기 위한 방법으로 '긍정적·부정적 요인 분석법'이 있다. 문제를 해결하거나 완화시키는 요인과 악화 또는 지속시키는 요인이 무엇인지를 파악하는 것이다. 가령 '아동 학대' 문제를 분석해 보면 부모 교육, 처벌의 강화, 홍보, 기관의 정기적 방문, 교육 기관의 연계를 통한 정보 수집 등이 긍정적 요인이며 경제적 빈곤, 학대 경험, 자녀에 대한 비현실적 기대, 원만하지 못한 부부관계, 사회적 제도 부족 등은 부정적 요인이 된다.

문제가 연대기적 성격을 갖는 경우에는 문제의 주요 증상과 이유, 문제가 최초로 시작된 시기와 함께 그 당시의 시대적 배경 및 사건이 무엇인지를 파악하는 '연대기적 분석법'을 활용할 수도 있다. 역사적으로 지속되어 온 인종차별 문제는 1800년대 미국 남부 노예제를 시작으로 하여 주요 역사적 사건들을 파악함으로써 문제를 더 잘 이해할 수 있다.

문제의 근원적인 원인에 관심이 있다면 '왜'라는 질문을 반복하여 원인을 찾아나가는 '반복적 원인 분석법'이 적합하다. 예를 들어 지구의 평균 기온 상승의 원인에 대해 '왜'라는 질문을 반복하다 보면, 문제의 궁극적인 원인을 찾아낼 수 있다.

또 다른 방법으로, 문제와 관련되어 있는 사람/단체/기관, 문제의 원인과 결과, 기존의 해결 방안 등에 대한 질문을 통해 문제와 관련된 모든 요인을 찾아낼 수 있다. 문제 분석은 문제를 이해하는 과정이자 해결 방안의 실마리를 찾는 과정이기도 하다. 일례로 문제로 인해 고통 받는 사람을 파악하고 문제의 근원적인 원인을 찾아낸다면 고통의 원인을 해소함으로써 해당 문제를 해결할 수 있을 것이다.

문제 분석을 위한 질문 리스트

- 그 문제로 인해 이익을 얻는 사람/단체/기관은 누구인가?
- 그 문제로 인해 고통 받는 사람/단체/기관은 누구인가?
- 문제 해결의 필요성에 대해 공감하는 사람/단체/기관과 문제라 여기지 않는 사람/단체/기관은 누구인가?
- 문제의 원인은 무엇인가?
- 문제의 원인이 공통 원인이 되는 다른 문제가 있는가?
- 문제로부터 생기는 긍정적인 결과가 있는가?
- 문제로부터 생기는 부정적인 결과가 있는가?
- 문제와 관련되어 있는 기존의 해결 방안이 있는가?
- 기존의 해결 방안의 가능성과 한계는 무엇인가?

3 문제 분석 시각화

문제 분석 결과를 도식, 그림, 표 등으로 시각화하여 복잡한 연관 관계를 직관적으로 이해할 수 있다. 문제와 관련되어 있는 대상, 영향을 미치는 요인, 결과 등의 영향 관계를 선으로 연결하고 선의 유형을 다양하게 표현함으로써 관계성을 구체적으로 나타내는 것이다. 가령 인과관계는 한 방향 화살표로, 상관관계는 점선으로, 반대 혹은 갈등 관계는 양쪽 화살표 등으로 나타낼 수 있다. 이를 문제 분석 다이어그램이라 한다. 다이어그램을 작성하기 위해서는 먼저 문제와 관련되어 있는 모든 대상 및 요인들을 키워드로 작성하고 서로 관련되어 있는 것들을 선으로 연결한다. 이때 여러 유형의 선을 활용하여 관계적 특성이 드러나도록 한다.

스토리 진통제의 부작용

두통이 있을 때 흔히 아스피린을 찾게 된다. 아스피린 같은 비스테로이드성 소염 의약품(NSAID)은 프로스타글란딘이라고 하는 통증 전달자를 줄여 주는 역할을 하는데, 간단히 말하자면 통증 자체를 없애는 것이 아니라 통증이 전달되지 못하도록 하는 것이다. 이 해결 방안은 매우 단순하다. 문제(통증)의 원인은 통증이 뇌에 전달되는 것이므로 이를 막는다면 문제를 해결할 수 있다. 그러나 이 메커니즘은 그렇게 단순한 인과관계만을 포함하고 있지는 않다. 프로스타글란딘은 통증 전달 이외에도 위, 혈소판, 신장, 내피세포에서 보호 기능을 하는 역할을 함께하기 때문이다. 장기간 진통 소염제를 복용하게 된다면 위염, 위궤양, 신장 장애 등의 부작용을 얻을 수도 있다. 관련 질환을 앓고 있는 사람들에게는 특히 이러한 부작용을 사전 고지하는 것이 매우 중요하다. 이처럼 세상에 존재하는 문제들은 단순한 인과관계만을 담고 있는 경우가 거의 없다. 문제를 해결하기 위해서는 문제와 관련된 요인, 대상들 간의 복잡한 연결 관계를 함께 고려해야 한다.

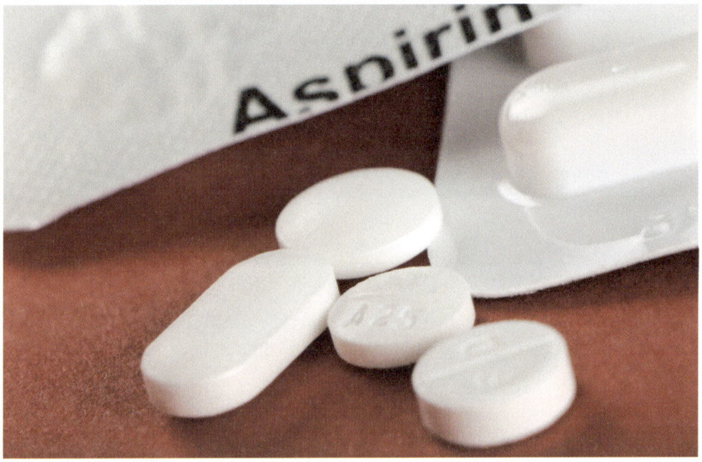

아스피린

사례 1 범죄 단체 추적을 위한 문제 분석

영화 〈미션 임파서블 5: 로그네이션〉에서는 정체불명의 테러 조직 신디케이트를 좇는 이단 헌트의 이야기가 등장한다. 신디케이트는 각종 테러와 얽혀 있을 것으로 추정되나 어느 누구도 그 조직의 실체를 알지 못한다. 이단 헌트는 그 조직을 막기 위해 조직과 관련된 정보를 수집한다. 그들에 의해 일어났을 것이라 생각되는 사건들, 조직원으로 예측되는 사람들, 피해를 입은 사람들과 그 규모, 사건이 일어나는 지역 등 모든 관련 정보를 수집하여 이를 분석하고 시각화함으로써 문제 해결의 실마리를 찾아간다.

〈미션 임파서블 5: 로그네이션〉의 신디케이트 추적

사례 2 체중 조절과 관련된 요인 분석

올해 대학에 입학한 신입생 A씨는 체중을 줄이기 위해 다이어트를 결심하고 하루 한 끼 단식을 시작하였다. 신입생 첫 학기, 각종 모임도 마다하고 다이어트를 위해 노력했지만 아무 성과 없이 2학기를 맞이하였다. 성공적인 다이어트를 위해 부족했던 것은 무엇일까. 체중은 섭취하는 음식물의 양 이외에도 체질, 기초 대사량, 운동량, 수면량, 그 외 생활 습관 등 여러 요인과 관련되어 있으며 이 요인들도 또 다른 요인과 직·간접적으로 관련되어 있다. 예를 들어 운동량의 경우 아르바이트의 유무, 과거의 운동 경험, 헬스장과의 거리, 함께 운동하는 사람의 유무 등에 영향을 받는다. 이러한 복잡성을 간과하고 식욕 억제제나 이뇨제의 섭취, 단일 식품 섭취, 무리한 단식 등으로 음식물의 양을 조절하는 것에만 집중하다 보면 체중 조절에 실패할 뿐만 아니라 다양한 신체적·정서적 장애를 겪게 된다.

체중 조절을 위한 식이요법

활동 1

우리 팀이 선정한 문제와 관련하여 '알고 있는 것'은 무엇인가, 잘 모르거나 '앞으로 알아야 할 것'은 무엇인가, 그리고 이것을 '알아낼 방법'은 무엇인가를 의논하여 KND 차트를 작성해 보자. 알아낼 방법을 작성할 때에는 조사 방법과 유형을 구체적으로 서술하는 것이 중요하다.

알고 있는 것 (What We Know)	앞으로 알아야 할 것 (What We Need to Know)	알아낼 방법 (What We Need to Do)

셀프 체크리스트

- 모든 팀원들이 자신의 의견을 말하였는가? ☐
- 앞으로 알아야 할 것에 대하여 충분히 고민하였는가? ☐
- 알아낼 방법을 구체적으로 적었는가? ☐

활동 2

문제와 관련하여 연관되어 있는 사람, 원인, 결과를 분석하는 것은 문제를 이해하기 위한 필수 과정이다. KND 차트를 통해 수집한 자료를 이용하여 다음의 각 질문에 답해 보자.

질 문	내 용
문제로 인해 이익을 얻는 사람/단체/기관은 누구인가?	
문제로 인해 고통 받는 사람/단체/기관은 누구인가?	
문제 해결의 필요성에 대해 공감하는 사람/단체/기관과 문제라 여기지 않는 사람/단체/기관은 누구인가?	
문제의 원인은 무엇인가?	
문제의 원인이 공통 원인이되는 다른 문제가 있는가?	
문제로부터 생기는 긍정적인 결과가 있는가?	
문제로부터 생기는 부정적인 결과가 있는가?	
문제와 관련되어 있는 기존의 해결 방안이 있는가?	
기존의 해결 방안의 가능성과 한계는 무엇인가?	

셀프 체크리스트

- 주어진 질문에 응답하기에 충분한 자료를 수집하였는가? ☐
- 수집한 자료를 CRAAP 기준에 따라 평가하여 적절히 선별하였는가? ☐

MEMO

핵심 파악

문제 찾기	문제 이해			해결안 탐색			해결안 설계와 적용	
공감하기	문제 분석	핵심 파악	문제 정의	문제 분해	발산하기	패턴의 응용	절차적 설계	구현하기

※ 활용한 활동에 ○표시를 하거나 활용한 순서대로 번호를 써 보세요. 복수로 선택할 수도 있습니다.

문제 이해와 해결을 위해서는 핵심이 무엇인지 파악해야 한다. 그러나 복잡하게 얽혀 있는 세부 사항들은 문제의 핵심을 파악하는 것을 어렵게 만든다. 핵심 파악은 추상화를 통해 이루어지는데, 추상화는 세부 사항들에 가려진 문제의 핵심을 이해하고 해결책을 모색할 수 있게 만들어 준다. 추상화는 단순화와 범주화로 나뉜다. 단순화는 세부 사항의 복잡성을 제거하는 것이고, 범주화는 공통된 속성을 바탕으로 하여 상위 개념으로 묶는 사고 과정이다. 추상화의 두 차원, 즉 단순화와 범주화를 통해 문제의 핵심을 명료하게 파악할 수 있다. 상기해야 할 것은 추상화가 문제 이해의 단계에만 활용되는 것은 아니라는 점이다. 추상화는 문제 이해뿐만 아니라 해결안 탐색 단계에서도 사용할 수 있다.

이 장에서는 우선 단순화와 범주화로서의 추상화에 대한 이해를 시도한다. 그리고 추상적 사고를 활용해 문제의 핵심을 파악하는 연습을 수행한다. 이를 통해 문제를 명확하게 이해하고, 해결안을 탐색하는 과정에 이르게 될 것이다.

1 추상화

수많은 요소들이 뒤얽혀 있는 문제는 해결하기 어렵다. 그러나 복잡해 보이는 문제에서 핵심적이지 않은 세부 사항들을 추려내고, 개별화된 특성들 속에서 전체를 대표하는 본질을 찾아내기만 한다면 문제 해결의 어려움은 쉽게 극복될 수 있다.

추상화는 여러 가지 개념으로 규정될 수 있다. 하지만 문제 해결 과정에서의 추상화는 불필요한 세부 사항을 제거하면서 문제의 핵심을 파악하고(단순화), 아무런 연관성도 없는 듯이 보이는 개별적 성질들 속에서 공통점을 발견하여 본질적 개념으로 발전시키는 과정을 뜻한다(범주화). 따라서 추상화는 세부적 복잡성을 제거하고 핵심만 남기는 단순화와 개별성을 제거하고 본질적 개념만 남겨 정리하는 범주화의 두 영역으로 구분된다.

2 단순화

추상화는 문제시된 현상이나 사물의 구체적인 속성들 가운데 특히 중요하다고 생각되는 요소를 잡아내는 작업에서부터 시작된다. 이 작업은 단순화를 통해 이루어진다. 즉 문제의 세세한 부분을 모두 재현해내는 데에 몰두하기보다는 제거를 통하여 핵심적 특성을 중심으로 문제에 대한 명확한 이해를 시도하는 것이다. 하지만 단순화를 그저 짧게 줄이는 것으로 여겨서는 안 된다. 중요한 것은 핵심과 본질을 찾아 문제를 재구성해야 한다는 점이다.

핵심을 파악하여 단순화하는 작업은 특별한 능력을 지닌 전문가들만 할 수 있는 일이 아니다. 새로 개봉한 영화의 핵심 메시지를 파악하여 줄거리를 요약하거나, 글을 쓴 후 핵심 내용을 담은 제목을 짓는 일도 '단순화 능력'이 없으면 할 수 없다. 사람들과 문자 메시지를 주고받을 때 자신의 감정을 이모티콘으로 표현해 발송하는 것도 단순화에 의한 행위이다.

경복궁 지도를 제작한다고 생각해 보자. 경복궁의 모습을 실물과 똑같이 재현하는 지도 제작법은 비효율적이다. 실제 환경에 맞춰 그대로 그려내는 일은 몹시 어려울 뿐만 아니라 한눈에 파악하기도 쉽지 않다. 따라서 경복궁 내 시설물과 도로의 실제 모습을 단순화하여 그것의 핵심만 재현하는 지도를 제작하는 것이 좋다.

그렇다면 경복궁 지도 제작이라는 문제에 있어서 핵심은 무엇일까? 그것은 지도의 용도, 이용자 등에 따라 상이하게 설정된다. 용도는 경복궁 관광 안내이며, 이용자는 국내 관광객이라고 할 경우 우리는 '국내 관광객을 위한 경복궁 지도'에 담길 사항(건물의 위치, 도로망, 편의 시설물 등)을 떠올릴 수 있다. 그리고 이러한 사항들의 세부적 특성을 재현하기보다는 그것의 핵심적 특성을 중심으로 시각화해야 한다. 즉 근정전과 같은 건물의 세부 모습을 그대로 재현하는 대신에 그것의 특징과 위치를 잘 드러낼 수 있는 핵심 요소들만 남겨 이미지화해야 하며, 궁궐 내 나무, 돌, 의자 등의 복잡한 세부 요소들은 제거할 수 있어야 한다.

3 범주화

범주(Category)란 그리스어 'kategorein'을 아리스토텔레스Aristoteles가 학술 용어로 사용하면서 정착된 개념이다. 일반적으로 범주화란 아무런 관련 없이 따로 떨어져 있는 듯이 보이는 사물들을 공통된 속성으로 묶어 상위 개념으로 분류하는 작업을 의미한다. 예를 들어 복숭아, 포도, 자두, 고추, 옥수수, 오이가 있다고 하자. 복숭아, 포도, 자두 등은 그것이 지닌 공통적 속성에 따라 '과일'로 범주화된다. 고추, 옥수수, 오이는 '채소'라는 상위 개념으로 범주화할 수 있다. 그런데 범주화에는 '과일'과 '채소'만이 있는 것이 아니다. 복숭아, 포도, 자두, 고추, 옥수수, 오이는 '여름작물'이라는 범주로 묶일 수도 있다. 이처럼 문제가 되는 사례들은 어떤 공통적 속성을 찾아내는가에 따라 상이하게 범주화된다.

개별 사물들 간의 연관성과 공통점을 찾고, 그것을 상위 개념에 따라 묶어 보는 작업을 거듭하면 그 사물들의 본질적 특성을 파악하게 된다. 마찬가지로 따로 떨어져 있는 듯이 보이는 문제들의 공통적 속성을 찾아 상위 개념 아래 묶어 보는 작업을 거듭하면 그 문제들의 본질을 발견할 수 있다.

다시 관광객을 위한 경복궁 지도 제작의 문제로 돌아가 보자. 지도 제작을 위해서는 경복궁 내 시설물들과 도로 등에 대한 세세한 정보를 모아야 한다. 이 중에서 시설물들을 몇 가지 유형으로 범주화할 수 있다. 예를 들어 전각과 정자 등은 궁궐 건축물로 범주화하고, 상점, 박물관 등은 휴게·편의 시설물로 범주화하여 각각을 적절히 표현할 수 있는 이미지로 표기할 수 있다.

스토리 모션 캡처(Motion Capture)

우리는 영화 〈반지의 제왕〉에서 컴퓨터 그래픽으로 그려낸 골룸이 실제 배우와 다름없이 움직이고 연기하는 것을 보았다. 컴퓨터로 그려낸 그림에 불과한 골룸이 실제 배우와 같은 복잡한 움직임과 미묘한 표정을 지을 수 있었던 까닭은 무엇일까? 그것은 연기자의 몸에 센서를 달아 그들의 동작을 이미지의 기본 정보로 삼는 모션 캡처 기법을 이용했기 때문이다.

모션 캡처 기법은 인간의 복잡한 동작을 점과 선으로 단순화하는 것에서 시작한다. 루트번스타인Root Bernstein, R. & M.의 공저 『생각의 탄생』에 따르면, 이런 발상은 프랑스의 생리학자 마레Marey, E.-J.가 내놓았다. 그는 모델에게 검은 옷을 입힌 후 동작의 핵심을 이루는 주요 관절부에 하얀 점을 찍고 모델이 움직이는 모습을 연속 촬영했다. 현상된 연속 사진에서 모델의 몸은 보이지 않는다. 왜냐하면 검은 배경 앞에서 동작을 취하게 했기 때문이다. 그래서 사진에는 오직 배우의 동작을 가늠할 수 있는 수많은 선과 점만 보였다.

생리학자 폴 리셰Richer, P.는 점과 선으로 단순화된 마레의 사진을 가지고 인간 동작의 역학적 원리를 추출했다. 마레는 인간의 복잡한 동작을 점과 선으로 단순화하여 보여 주었고, 리셰는 특정 인물의 단순화된 동작 이미지를 이용하여 모든 인간이 취하는 동작에 관한 일반적 원리를 파악한 것이다. 이러한 성과는 영화 제작자들에게 영감을 주어 모션 캡처 기법을 개발하도록 만들었고, 그 결과 우리는 골룸의 생생한 모습을 즐길 수 있게 되었다.

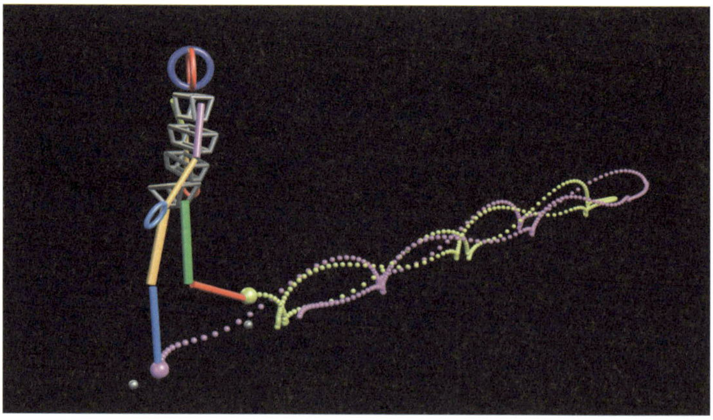

단순화된 신체 동작

사례 1 훈민정음

훈민정음은 다양하게 변화하는 소리들을 단순화하고 유형별로 범주화하여 만들어진 글자이다. 세종대왕과 집현전 학사들은 사람들이 말하는 수많은 소리가 발성 기관에 기초해서 만들어진다는 것을 파악하고 그것의 유형을 발성 기관별로 범주화하였다(어금닛소리, 혓소리, 입술소리 등). 그리고 발음 기관의 모양을 단순하게 이미지화하여 기본글자를 만든 후(ㄱ, ㄴ, ㅁ 등) 소리의 세기에 따라 기본 글자에 획을 더하여 거센소리를 표기하는 글자를 만들었다. 이들은 언어의 특성을 '추상화'를 통해 일반적 관점에서 이해하였으며, 그것을 바탕으로 문자 창제의 원리를 도출하여 훈민정음이라는 고유 문자를 만들었다. 그 결과 문자를 몰라 고통을 겪던 백성들의 어려움을 해결하고 고유한 문화를 발전시키는 데에 커다란 기여를 하였다.

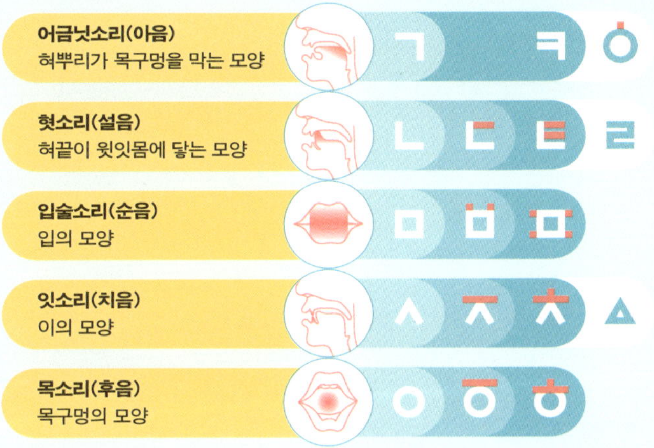

훈민정음 제자(製字) 원리

사례 2 글로벌 솝 프로젝트

우간다의 어린이들은 설사병으로 인해 목숨을 잃는 경우가 많았다. 비용을 적게 지출하면서 효율적으로 이 문제를 해결할 수 있는 방법은 무엇일까? 우간다 출신 미국인 데릭 케욘고 Kayongo, D.는 '글로벌 솝 프로젝트'(Global Soap Project)를 진행하면서 이 문제를 해결하고 있다.

많은 사람들은 설사병이 비위생적 환경 때문에 일어난다는 사실을 알고 있다. 하지만 이런 식의 원인 파악은 문제 해결에 도움을 주지 못했다. 구체적 문제 사례들 속에 내재한 핵심이 무엇인가에 대한 이해가 부족했기 때문이다. 그래서 대부분 설사약 보급 사업이나 상수도 설치와 같은 고비용 대규모 사업을 추진하지만 기대한 만큼의 성과를 거두지 못한다.

데릭은 설사병 예방의 가장 효과적이고 쉬운 방법이 손 씻기라는 점을 알고 있었다. 그러나 수많은 아프리카 아이들은 손 씻을 비누가 없었다. 아이들에게 비누를 보급하려면 어떻게 해야 할까? 그는 미국의 많은 호텔에서 제공하는 비누가 대량으로 버려지고 있다는 사실에 주목했다. 데릭은 호텔에서 버려지는 비누를 공짜로 수거해 가공하여 아프리카의 아이들에게 보급하였다. 덕분에 설사병을 손쉽게 예방할 수 있었다.

문제 해결은 그 문제의 핵심을 파악할 때 효과적으로 이루어질 수 있다. 데릭의 사례는 이러한 점을 잘 보여 준다.

활동 1

다음 사례들은 공통의 문제를 담고 있다. 사례들에 함축되어 있는 핵심적인 문제는 무엇인지 찾아보자.

사례 1

소년 A는 물을 긷기 위해 매일 5시간을 소비하느라 학교에 다니지 못한다.
소녀 B는 오아시스에서 물을 긷다가 맹수에게 물렸다.
소년 C는 멀리까지 물 길으러 가지 않으려고 몰래 도망 다니다가 매일 혼난다.
D씨는 집 근처 웅덩이에서 더러운 물을 마시다가 콜레라에 걸렸다.

문제 :

사례 2

사장은 케냐인 음보마에게 생일 선물로 초콜릿을 주면서 킥킥댔다.
무함마드는 공장에서 탈레반이라는 별명으로 불리고 있다.
남성이지만 화장을 하고 다니는 영철은 직장 상사에게 한 소리 들었다.

문제 :

셀프 체크리스트

- 단순화와 범주화를 통해 문제의 핵심을 파악하였는가? ☐
- 단순화와 범주화를 기반으로 문제를 원활하게 풀었는가? ☐

활동 3

팀별로 구성한 다이어그램에서 도식화한 문제를 적절하게 범주화하였는지 평가해 보자.

1. 분류 기준은 적절했는가?

2. 범주는 세분화가 가능한가?

3. 원인과 결과의 인과관계는 분명한가?
결과를 원인으로 혹은 원인을 결과로 오인하지 않았는가?

4. 원인들 중 근본 원인은 무엇인가?

5. 원인이 일으키는 가장 중요한 결과는 무엇인가?

6. 궁극적으로 해결해야 할 핵심 문제는 무엇인가?

셀프 체크리스트

- 모든 팀원들이 자신의 의견을 말했는가? ☐
- 구체적인 문제 사례들을 공통된 속성에 따라 단순화하고 범주화했는가? ☐
- 현상적 인과관계와 본질적 인과관계를 구분하면서 사고했는가? ☐
- 문제의 핵심을 파악했는가? ☐

문제 정의

문제 찾기	문제 이해			해결안 탐색			해결안 설계와 적용	
공감하기	문제 분석	핵심 파악	문제 정의	문제 분해	발산하기	패턴의 응용	절차적 설계	구현하기

※ 활용한 활동에 ○표시를 하거나 활용한 순서대로 번호를 써 보세요. 복수로 선택할 수도 있습니다.

문제 정의는 이전 단계들, 즉 문제에 대한 분석과 핵심 파악이 이루어지고 나서야 비로소 도달할 수 있는 '문제 이해'의 마지막 단계이며, 수요자의 구체적인 니즈를 반영한 통찰을 바탕으로 문제를 의문문의 형태로 만드는 것이다. 또한 문제 정의는 다음 단계인 문제 분해를 위해서도 중요한 기초가 된다. 보통 문제에 대한 정의는 특별한 논의 없이 어느 정도 정해진 것으로 또는 나중에 필요하면 따로 정하거나 쉽게 바꿀 수 있는 것으로 간주된다. 이러한 태도는 문제에 대한 명확한 이해를 통해 절차적으로 생각하기보다, 신속히 문제를 해결하려고만 하는 결과 중심적 태도의 단면이다. 하지만 성공적인 절차적 사고를 위해서는 공감하기, 문제 분석, 핵심 파악을 바탕으로 수요자 중심의 입장에서 문제를 명확히 정의하고, 그렇게 정의된 문제를 겨냥해 구체적이고 실질적인 해결책을 찾아가는 태도가 요구된다.

이 장에서는 우선 문제 정의와 관련된 몇 가지 핵심 개념들을 살펴보고, 관련 사례를 통해 문제 정의의 의미와 가치를 분명히 파악할 것이다. 이는 각 팀들이 활동지를 사용하여 각자의 문제를 실제로 정의하기 위한 선행 작업이다. 이때 무엇보다 중요한 점은 '수요자의 실질적인 불편과 요구를 구체적으로 반영'해 이에 맞게 문제를 정의하는 것이다. 문제 정의가 다음 단계, 즉 본격적인 문제 해결의 첫 단계인 문제 분해의 방향을 확정하는 중요한 단계라는 점을 기억하며 문제 정의를 시도해 보자.

1 수요자 중심 디자인

올바른 문제 정의는 문제를 해결하고자 하는 '관찰자의 견해'가 아닌, 현장에서 수요자가 실제로 느끼는 것 또는 수요자에게 가치 있는 것과 같은 요소들을 반영해야 한다. 이때 수요자에 대한 공감 및 감정이입을 통하여 문제 해결의 단서를 찾는 방법, 수요자가 무엇을 원하고 필요로 하는지를 실제로 수요자가 있는 현장에 가서 관찰 및 인터뷰하는 방법, 수요자의 입장이 되어 직접 체험하는 방법 등이 사용된다. 문제를 정의할 때에는 관찰자의 추측이나 판단을 최소화하고, 수요자의 요구를 드러내는데 초점을 맞추어야 한다. 이를 위해서는 원칙적으로 수요자로부터 수집한 정보만을 토대로 문제를 정의하는 태도가 필요하다.

2 수요자 정의

수요자(User)를 결정할 때에는 최대한 상세하고 구체적으로 타깃을 설정하는 것이 중요하다. 예를 들어 '대학 자취생'이라는 정의만으로는 부족하다. '신입생, 학교 근처에서 자취, 아침밥을 거의 먹지 못하고 등교, 불규칙적인 식사시간, 요리하는 것을 귀찮아 함, 생활비를 아끼기 위해 간단한 인스턴트 음식 위주로 식사, 주말에는 아르바이트 때문에 바쁨' 등으로 수요자를 구체화해야 한다.

3 니즈

니즈(Needs)란 관찰을 통해 파악한 수요자의 실질적·구체적인 욕구나 행동을 뜻한다. 수요자의 니즈는 '동사'를 사용해 표현하는 것이 좋다. 왜냐하면 구체적인 상황 속에서 수요자가 보인 실질적인 행동을 있는 그대로 담아내거나 전달할 수 있기 때문이다. 이를테면 수요자에게 실제로 중요한 것, 수요자들을 실제로 불편하게 만든 것, 수요자가 실제로 좋아하는 것 등이 구체적인 '동사'와 함께 보존될 수 있고, 같은 팀원에게도 정확히 전달될 수 있다. 또한 수요자의 실질적인 요구를 문제 정의로 가져오기 위해서는 수요자의 사소한 정보들을 포함한 모든 정보들을 몇 가지 필요한 기준에 따라 '시각화'하는 방식으로 정리하는 것이 좋다. 다양한 방식으로 정보를 시각화함으로써 우리는 정보들의 핵심을 신속히 파악할 수 있고 각 정보들 간의 관계를 명확히 할 수 있다.

4 문제 정의

문제 정의는 최초 공감하기 단계에서부터 시작해 이전 단계인 핵심 파악까지 점진적으로 구체화된 문제 상황을 하나의 문장, 특히 의문문의 형태로 정의하는 단계이다. 이렇게 문제를 의문문의 형태로 정의함으로써 우리는 문제 상황을 관찰자의 입장에서 단정하지 않고 수요자의 입장에서 정의하는 열린 태도를 유지할 수 있다. 문제가 잘못 정의되는 경우 이후의 해결안 탐색뿐 아니라, 결국은 해결안 설계와 적용에도 상당한 영향을 끼치기 때문에 문제 정의는 특히 중요하다.

문제 정의의 세 가지 요소

- **실제 문제**(Real) : 문제를 정의하기 위해서는 과연 그 문제가 실수요자들이 요구하는 문제인지 다시 한 번 검토할 필요가 있음.
- **가치 있는 문제**(Valuable) : 문제를 정의하기 위해서는 이 문제의 해결이 얼마나 많은 가치를 창출할 수 있는지 다시 한 번 생각해 볼 필요가 있음.
- **영감을 주는 문제**(Inspiring) : 문제를 정의하기 위해서는 이 문제가 과연 나에게도 영감과 자극을 주는 문제인지 다시 한 번 고려해 볼 필요가 있음.

문제 정의문 작성 예시 1	
수요자	한국어가 서툰 국내 거주 외국인들은
니즈	자신과 가족을 위해 적어도 위급한 상황에서 신속 정확하게 사용할 수 있는 한국어 표현들을 익히고자 한다.
통찰	왜냐하면 위급한 상황에서는 한국어로 말하는 것이 더욱 어려울 수 있기 때문이다.
문제 정의문	어떻게 하면 한국어가 서툰 국내 거주 외국인들이 위급한 상황에서 필요한 내용을 신속하고 정확하게 말할 수 있을까?

문제 정의문 작성 예시 2	
수요자	대학가 주변 자취생들은
니즈	맛과 영양을 위해 하루 한 끼 정도는 제대로 된 식사를 먹고자 한다.
통찰	왜냐하면 충분하지 않은 돈과 불규칙적인 생활로 인해 인스턴트 음식을 자주 먹게 되고 이로 인해 건강을 유지하기 어려울 수 있기 때문이다.
문제 정의문	어떻게 하면 대학가 자취생들이 경제적인 부담 없이 건강한 식단을 직접 만들어 먹을 수 있을까?

스토리 1 데카르트의 문제 정의

서양에서 근대가 시작될 때 지식인들은 확실한 것이나 절대적인 것을 지나간 시대의 유물로 간주하는 회의주의적인 풍조에 휩쓸렸다. 이렇게 새로운 시대가 회의주의 안에서 방향을 찾지 못하고 있을 때 데카르트Descartes, R.는 단순히 회의주의를 비난하지 않고, 오히려 회의주의적인 방법을 적극적으로 사용해 절대적인 진리에 도달하는 새로운 시도를 감행했다. 오늘날 '방법적 회의'로 알려져 있는 이러한 시도는 문제 상황에 대한 충분한 이해를 통해 '문제가 새롭게 정의'될 때 얼마나 놀라운 해결책이 발견될 수 있는지를 잘 보여 준다. 절대적인 지식에 대한 회의는 인간의 감각적인 경험이 가지는 한계 때문이다. 데카르트는 우선 감각적인 경험의 한계를 인정한다. 더 나아가 그는 과학적·수학적인 진리조차 괴팍한 악령에 의해 조종될 수 있는 극단적인 가능성까지 생각하며 모든 것을 의심하기에 이른다. 극단적인 회의주의는 순간적으로 데카르트를 절망에 빠뜨렸지만, 놀랍게도 바로 그 순간 절대적인 진리가 나타난다. 내가 모든 것을 의심하고 있다는 사실, 즉 의심하고 있는 나 자신은 절대적으로 존재하고 있었던 것이다. '나는 생각한다. 그러므로 존재한다'는 진리는 이렇게 진리를 찾는 것이 아니라, 아이러니하게도 진리를 거부하고 의심하는 방법을 통해 발견된 것이다. '어떻게 하면 우리는 극단적인 회의주의 안에서도 진리를 찾아낼 수 있을까?'라는 데카르트의 통찰은 문제 정의의 중요성과 가치를 잘 보여 주고 있다.

르네 데카르트(1596~1650)

스토리 2 그리핀의 문제 정의

흑인 전용 극장

1959년 미국, 백인인 그리핀Griffin, J. H.은 염색과 일광욕도 모자라 성형외과 의사를 찾아가 자신을 흑인으로 만들어 달라고 부탁한다. 당시 의학 기술로는 위험할 수도 있었지만 그리핀은 수술과 약물을 멈추지 않고 결국 흑인으로 보이는데 성공한다. 그는 당시 인종차별의 심각성을 고발하기 위해 스스로 진짜 흑인이 되기로 결심했던 것이다. 흑인으로 변장한 그는 인종차별이 극심했던 미국 남부로 여행을 떠난다. 두 달 동안 이어진 흑인의 삶을 생생히 기록한 그는, 그 글들을 엮어 『블랙 라이크 미』(*Black Like Me*)를 출간한다. 당시 사람들은 인종차별의 심각성을 공감하고 있었지만, 그렇다 하더라도 대부분 '관찰자'의 입장에서 생각하고 판단하는 수준에 머물러 있었다. 그리핀은 문제의 심각성을 알리기 위해 그저 인권과 평등이라는 추상적인 이념에 기대지 않고, 실제로 흑인의 삶 한가운데로 들어간다. 그리고 그곳에서 흑인이 겪고 있는 부당한 차별뿐 아니라, '아이의 미래를 걱정하며 고민하는 평범한 부모의 모습', '더 궁핍한 사람들을 도우려는 선한 사람들의 마음'과 같은 삶의 평범함을 기록한다. 그리핀은 흑인의 삶 속에서 백인과 구분할 수 없는 인간의 평범하고 보편적인 삶의 모습을 찾아냄으로써 피부색으로 인한 인종차별이 얼마나 어이없는 일인지를 극적으로 고발하고 있는 것이다. 여기에서 우리는 다음과 같은 중요한 문제 정의가 기능하고 있음을 알 수 있다. '어떻게 하면 추상적인 이념에 기대지 않고서도 인종차별의 부당함을 잘 알릴 수 있을까?'

사례 가난한 이들을 위한 실버의 도수 조절 안경

아프리카에서는 시력이 좋지 않아도 시력검사를 받거나 안경을 쓰는 일이 드물다. 우선은 안경원이나 안과를 찾는 일이 어려우며, 그러한 기회를 잡았다고 하더라도 안경을 구입하기 위해서는 상당한 비용이 들기 때문이다. 아프리카뿐 아니라 전 세계에는 약 10억 명 정도가 안경 없이 불편한 삶을 이어가고 있다. 이에 실버[Silver, J.]는 다음과 같은 니즈를 파악했다. 우선 시력검사를 받기 어려운 처지에서도 사용할 수 있는 안경이 필요하다는 것이며, 안경의 가격이 저렴해야 한다는 것이다. 이러한 니즈를 반영하기 위해서는 안경에 대한 고정관념을 바꾸어야 했다. 이를테면 각자의 시력에 맞추어 렌즈를 구입하는 방식과 이로 인해 렌즈와 안경테를 따로 구입하는 방식이 아닌, 새로운 방식의 전환이 필요했다. 시력검사를 받지 않아도 쓸 수 있는 안경, 손쉬운 조작만으로 곧바로 안경을 끼고 생활할 수 있는 그러한 안경을 만든다는 것은 전문가가 아닌 그에게 해결하기 어려운 일이었다. 하지만 수요자의 요구를 명확히 파악한 결과, 그는 몇 년 후 실리콘 오일을 이용한 안경을 세상에 내놓았다. 단지 한 쪽씩 눈을 가리고 주사기를 누르며 잘 보이도록 조절만 하면 되는 안경이 탄생한 것이다. 이 안경을 사용하기 위해서는 시력검사를 받을 필요도, 자신의 시력이 얼마인지 알 필요도 없다. 누구나 이 안경을 받아들고 간단히 조작만 하면 자신에게 꼭 맞는 안경을 쓰게 된다. 이 안경의 가격은 우리나라 돈으로 약 2만 원 정도이며, 비록 아프리카 사람들에게는 적지 않은 돈이지만, 일반 안경을 구입하기 위해 지불해야 할 돈과는 비교가 되지 않게 저렴하다. 이러한 놀라운 발명은 다음과 같은 문제 정의의 결과물이라고 할 수 있다. '어떻게 하면 손쉽게 사용할 수 있는 저렴한 안경을 만들어 아프리카의 가난한 사람들에게 도움을 줄 수 있을까?'

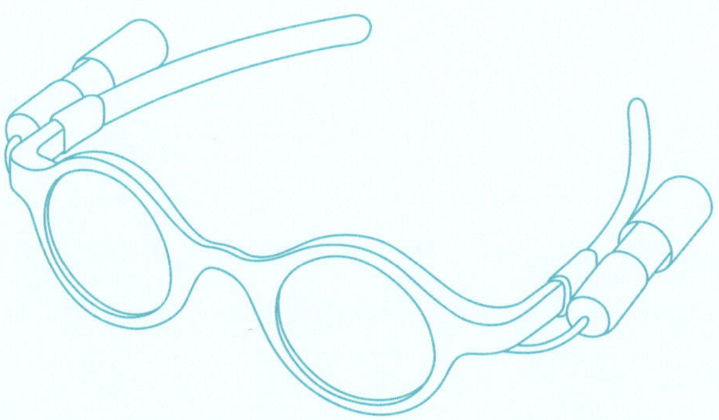

실버의 안경

활동

1. 핵심 파악 단계를 통해 구체화된 문제 상황을 다시 한 번 정리해 보자.

2. 핵심 파악 단계를 통해 구체화된 수요자의 실질적이고 구체적인 니즈에 대해 자유롭게 이야기를 나누며, 수요자와 수요자의 니즈가 지닌 실질적인 속성들이 무엇인지 논의해 보자.

3. 앞서 자유롭게 이야기 나눈 수요자의 실질적인 속성들을 공감지도(Empathy Map)로 정리해 보자. 공감지도에는 수요자가 구체적인 문제 상황 속에서 무엇이라 말하고, 행동하고, 생각하고, 느낄 것인가에 대한 내용을 분류하여 기록하도록 한다.

4. 1~3단계를 통해 알게 된 내용을 토대로 문제 정의문을 만들어 보자.

5. 문제 정의문에 대한 '다른 학생들'과 '지도 교수'의 피드백을 종합적으로 정리해 보자.

반영할 내용 :

반영하지 않을 내용 :

보류할 내용 :

셀프 체크리스트

- 이전 핵심 파악 단계의 결과물에 대한 정확한 검토가 이루어졌는가? ☐
- 문제 정의 단계의 필요성과 가치를 충분히 이해하고, 적절한 문제 정의를 수행했는가? ☐
- 우리 팀이 수행한 문제 정의에 대한 다른 사람들의 피드백을 진지하게 받아들이고 반영하려 노력했는가? ☐
- 도출된 문제 정의가 다음 단계인 '문제 분해'를 위한 방향을 제시하고 있는가? ☐

MEMO

MEMO

문제 분해

문제 찾기	문제 이해			해결안 탐색			해결안 설계와 적용	
공감하기	문제 분석	핵심 파악	문제 정의	문제 분해	발산하기	패턴의 응용	절차적 설계	구현하기

※ 활용한 활동에 ○표시를 하거나 활용한 순서대로 번호를 써 보세요. 복수로 선택할 수도 있습니다.

큰 문제를 해결 가능한 단위의 작은 문제로 나누는 과정을 문제 분해라고 한다. 문제가 크고 복잡하여 무엇부터 시작하여야 할지 모호할 때, 작은 단위의 문제로 쪼개어 보면 효과적으로 해결 방안의 실마리를 찾을 수 있다. 문제 분해를 하기 위해서는 다음 질문을 중심으로 문제의 해결 가능성을 판단해야 한다. 얼마나 많은 요인이 관련되어 있는가, 시간과 비용이 얼마나 소요되는가, 해결하여야 할 시간적 순서는 무엇인가, 문제를 해결하기 위해 살펴보아야 할 정보가 얼마나 광범위한가, 인적 자원은 얼마나 필요하며 어떻게 배분하여야 하는가? 그 다음에는 이를 고려하여 문제를 작은 단위로 나누는 것이다. 이 과정은 작은 단위의 구조들이 복잡하게 얽혀 함께 기능하는 복합적 시스템을 이해할 수 있도록 해줄 뿐만 아니라 문제 자체가 가지고 있는 복잡도를 감소시켜 해결의 가능성을 높여 준다.

문제 분해를 통해 작게 나뉘어진 문제들의 해결 방안을 각기 도출한 후 이를 종합하면 원래 문제의 해결 방안을 얻을 수 있다. 이러한 해결 방법을 분할 정복(Divide and Conquer)이라고 하는데 인간의 추론 능력과 작업 기억 용량의 한계를 고려할 때 매우 효과적인 해결 방법이다. 이 장에서는 문제 해결의 첫 단계로서 문제 정의를 통해 정의된 문제를 해결 가능한 작은 단위로 분해해 본다.

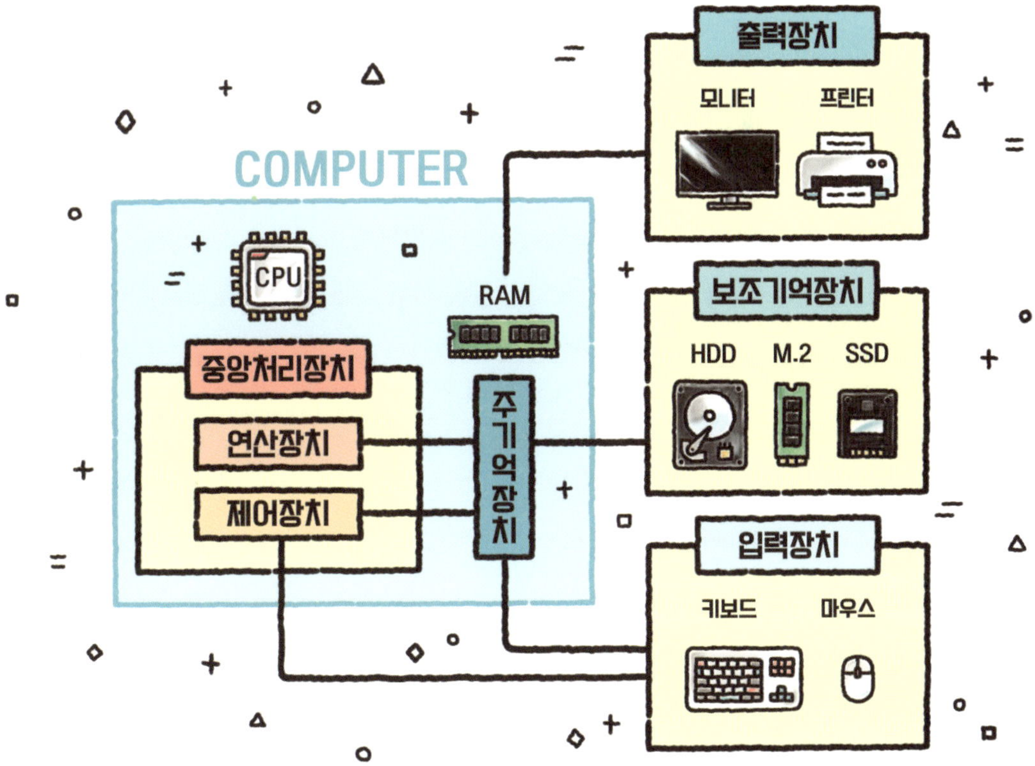

1 문제 분해

분해란 큰 규모의 작업을 처리 가능한 수준의 작업 단위가 될 때까지 계속 작게 쪼개는 과정이며, 문제 분해는 큰 문제를 해결 가능한 단위의 하위 문제로 구체화하는 과정이다. 문제 분해를 위해서는 일차적으로 큰 문제를 작은 하위 문제로 쪼개어 본다. 이어서 작은 하위 문제가 더 작은 하위 문제로 쪼개어질 수 있는지를 살펴본다. 이와 같이 같은 위계의 문제들로 분해되어 가는 과정을 수평적 분할이라고 하고, 하위 문제에서 더 아래의 하위 문제로 분해되어 가는 과정을 수직적 분할이라고 한다.

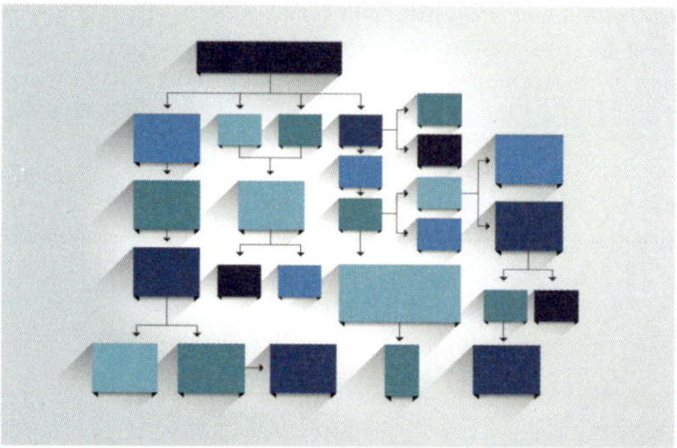

문제 분해

문제를 분해함으로써 해결 과정에서 여러 가지 이점을 얻을 수 있다. 첫째, 문제 분해는 작은 단위의 구조가 함께 얽혀 기능함으로써 전체가 유지되는 복잡한 시스템을 이해하는 데 도움을 준다. 가령 물 부족 국가에서 위생적인 식수를 제공하기 위해 간이 정수기를 설계한다고 가정해 보자. 정수기의 각 구조를 정수와 관련된 부분, 살균과 관련된 부분, 이동과 관련된 부분, 물의 온도를 적정하게 유지할 수 있도록 하는 온도 조절과 관련된 부분으로 나누어 살펴보고 각각에 필요한 구조를 구상한 후 이를 모두 종합하여 전체 설계물을 완성할 수 있다. 둘째, 문제 분해는 문제 자체의 복잡도를 감소시켜 해결 과정에 이점을 주기도 한다. 간단한 사례로서 숨은그림찾기를 한다고 할 때 그림을 전체적으로 살펴보는 것보다 몇 개의 구역으로 나누어 보면 더 쉽게 과제를 해결할 수 있다. 마지막으로 문제 분해는 문제 해결의 효율성을 높여 준다. 프로젝트를 수행할 때 모든 구성원이 전체 과제를 함께 수행하기보다는 각 학습자가 역할을 분담하여 각자의 역할을 수행한 후 종합하면 시간과 노력을 절약할 수 있다. 복잡한 곱셈 문제를 계산할 때 각 자리를 분할하여 계산한 후 이를 더하는 격자 곱셈법도 문제 분해를 통한 효율적인 해결 사례이다. 알파고가 바둑 알고리즘을 계산하기 위하여 CPU 1202개의 분산 컴퓨터를 사용하는 것도 같은 맥락에서 이해할 수 있다.

2 분할 정복

작게 쪼개진 문제들의 '부분해'(部分解)를 도출하고 이를 다시 합하면 최종적인 문제 해결 방법에 도달할 수 있는데 이를 분할 정복이라고 한다. 이 방식을 하향식(top-down) 접근 방법이라 하는데, 최상위 문제의 해답이 하위로 내려가면서 작은 하위 문제의 해답을 구함으로써 도출되기 때문이다. 분할 정복이라는 용어는 1805년 아우스터리츠 전투에서 나폴레옹이 사용했던 성공적인 전략에서 따온 것이다. 당시 나폴레옹은 오스트리아-러시아 연합군에 비하여 적은 병력으로 전투에서 불리한 상황에 처해 있었다. 많은 병력을 상대하기 어렵다고 판단한 나폴레옹은 적진의 중앙으로 아군이 진격하도록 지휘하였으며, 둘로 나뉜 적군을 성공적으로 격파하였다. 해결하기 어려운 큰 문제는 해결할 수 있는 작은 단위의 문제로 쪼개어 정복한다는 전략이었다.

분할 정복

스토리 기능 분리를 통한 문제 분해

차분기관

슈퍼컴퓨터의 계산 속도는 플롭스라는 단위를 사용한다. 이는 1초에 덧셈, 뺄셈, 곱셈, 나눗셈 등의 연산을 몇 번이나 할 수 있는지를 나타내는 단위이다. 현대의 슈퍼컴퓨터는 140페타플롭스를 넘는 속도를 보이는데 이는 초당 14경 번의 연산이 가능하다는 것을 의미한다. 자동으로 계산하는 기계를 시도하고 기계를 제작한 최초의 인물은 영국의 뛰어난 수학자였던 배비지Baggage, C.(1791~1871)이다.

배비지는 인간이 계산 과정에서 저지르는 실수에 좌절하여 자동 계산 기계를 제작하게 된다. 그가 만든 계산 기계는 '덧셈과 뺄셈'으로 복잡한 수식을 계산할 수 있도록 설계되었으므로 차분기관(Difference Engine)으로 불린다. 차분기관 1호는 최대 50자리나 되는 수를 다룰 수 있는 기계로 당대로서는 매우 획기적인 발명품이었으나 재정적인 문제로 개발이 중단되었다. 추후에 제작되었던 차분기관 2호의 설계도 또한 그가 직접 실물로 제작하지는 못하였다. 그 후 150년이 지난 1991년 런던의 과학박물관에서 이 설계도를 바탕으로 실제 기계를 제작하였으며 실제로 성공적으로 작동하였다.

차분기관 1호의 재정 지원이 중단된 후 배비지는 해석기관(Analytical Engine)이라 불리는 더 복잡한 기계를 만들었다. 이 기관은 오늘날 컴퓨터의 주요 설계 아이디어를 담고 있는데, 그중 하나가 기능들을 분리하는 것이다. 예를 들어 계산 기계를 제작하기 위해 해결해야 할 문제는 자리올림을 처리하는 것인데, 초기 설계한 기관은 각각의 올림수마다 별도의 장치가 있었고 점차 매우 복잡해지기 시작했다. 이에 배비지는 문제를 분리하여 접근한다. 복잡한 계산 작업이 이루어지는 부분과 수가 보관되고 결과가 처리되는 부분으로 나눈 것이다. 바로 오늘날 컴퓨터의 중앙 처리 장치(CPU), 메모리 장치와 유사하다고 볼 수 있다. 현대의 복잡한 컴퓨터는 입력 장치, 중앙 처리 장치, 출력 장치, 저장 장치, 그 외의 주변 장치 등 다양한 부분으로 나뉘어져 기능을 수행함으로써 전체의 복잡한 업무를 처리한다. 이처럼 매우 복잡해 보이는 문제들을 각각의 해결 가능한 단위로 나눈 후, 하위 문제의 해결 방안을 종합하면 전체의 큰 해결 방안을 얻을 수 있다.

사례 1 겔로시아(Gelosia) 곱셈법

복잡한 곱셈은 어떻게 해결할 수 있을까? 복잡한 곱셈을 하고자 할 때 그 수를 분할하여 각자 계산한 후 더하는 방식을 격자 곱셈법이라고 한다. 인도에서 처음 고안되었다고 예측되는 이 곱셈법은 겔로시아(Gelosia) 곱셈법이라고도 불린다.

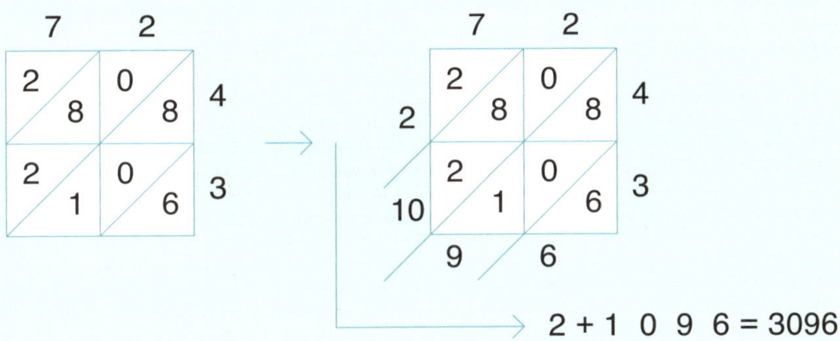

72와 43을 곱한다고 하자. 먼저 72는 위쪽에 43은 오른쪽에 각기 나누어 적는다. 그리고 두 수가 만나는 칸에 두 수의 곱을 적는다. 가령 7과 4가 만나는 칸에 7곱하기 4의 결과인 28을 적는 것이다. 2와 4가 만나는 칸에는 2곱하기 4의 결과를 8로 적지만, 십의 자리수가 비어 있는 것이므로 08이라고 적으면 된다. 모든 수를 다 계산하여 적고 나면 대각선을 도형의 바깥쪽으로 길게 연장한 후, 사선 안에 있는 수를 더하여 적는다. 이제 사선의 수를 왼쪽부터 차례대로 적는다. 이때 사선의 수를 더하여 나온 값이 두 자리인 경우에는 올림으로 계산한다. 답은 3096이 된다. 더 크고 복잡한 수도 이처럼 수를 분할하여 계산하면 간단히 답을 얻을 수 있다. 다음은 7695와 543의 곱을 격자 곱셈법으로 계산한 것이다.

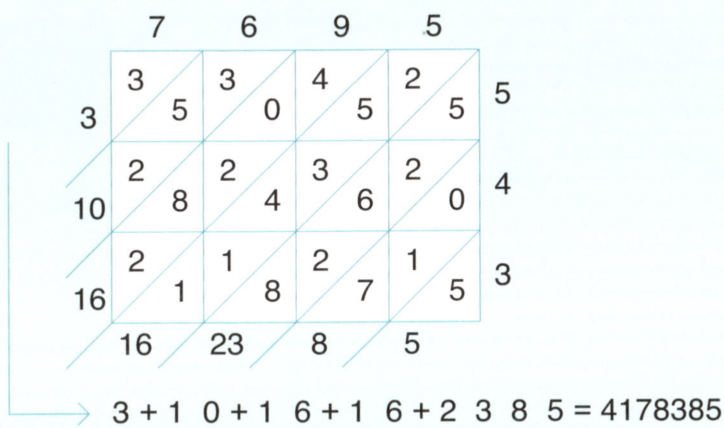

사례 2 어떻게 하면 교육을 통해 정보 소외자 학생들의 정보 격차를 완화할 수 있을까?

정보 기술의 발달로 정보가 광범위하게 생산·유통되는 현대 사회에서 새로운 정보 기술에 접근할 수 있는 능력을 가진 사람과 그렇지 않은 사람 사이의 정보 격차가 문제가 되고 있다. 정보 격차로 인한 경제적·사회적 격차는 점점 더 심화될 것으로 예측된다. 이를 문제로 인식하고 학내의 정보 소외자들을 대상으로 '어떻게 하면 교육을 통해 정보 소외자 학생들의 정보 격차를 완화할 수 있을까?'라는 문제를 정의하였다고 가정하자. 일차적으로 시간적인 순서를 고려하여 문제를 분해하면 '교육 방안을 어떻게 설계할 것인가', '교육 방안을 어떻게 적용할 것인가', '교육 방안의 효과를 어떻게 파악할 것인가'로 나누어 볼 수 있을 것이다. 다시 첫 번째 문제인 '교육 방안은 어떻게 설계할 것인가'를 역할의 분담 및 파악하여야 할 정보의 양을 고려하여 분해하면 '어떤 내용이 포함되어야 하는가', '어떤 유형으로 제작할 것인가', '교육자와 학습자의 특성은 무엇이며 이를 어떻게 반영할 것인가'로 나누어 볼 수 있다. 이런 방식으로 문제를 나누어 접근한 후, 각각의 해결 방안을 설계하여 종합하면 전체 문제인 '어떻게 하면 교육을 통해 정보 소외자 학생들의 정보 격차를 완화할 수 있을까?'를 효과적으로 해결할 수 있다.

활동 1

많은 요인과 관계를 동시에 고려하여야 하는 복잡한 문제는 해결하기 어렵다. 정의한 문제를 해결 가능한 단위로 분해해 보자. 관련된 요인의 복잡성, 시간과 비용의 소요, 해결하여야 하는 시간적 순서, 문제를 해결하기 위해 살펴보아야 할 정보의 양, 인적 자원의 필요와 배분 등을 고려하여 문제의 해결 가능성을 평가하도록 한다.

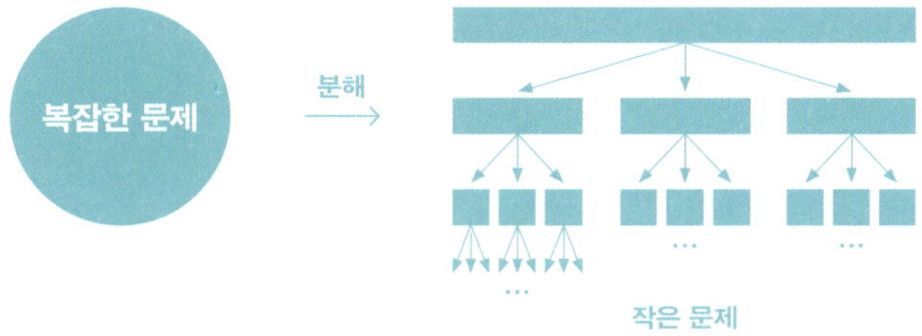

셀프 체크리스트

- 분해한 문제에 포함된 대상 및 요인이 복잡하지는 않은가? ☐
- 분해한 문제가 시간, 비용, 인적 자원의 측면에서 해결 가능한가? ☐
- 분해한 문제를 해결하기 위해 살펴보아야 할 정보의 양이 적절한가? ☐

활동 2

우리 팀의 문제 분해 결과를 다음 관점에서 평가하여 수정해 보자.

1) 해결할 문제들 중 중요도가 낮거나, 전체 문제 해결을 위한 기여도가 낮다고 생각하는 문제들을 선별하여 삭제하자.
2) 문제 분해 결과를 작은 문제에서 큰 문제로 순차적으로 살펴보자. 최종적으로 분해한 문제들이 상위 범주에 적절히 배치되어 있는가, 그렇지 않다면 수정해 보자. 수정된 문제 분해 결과를 다음 표에 그려 보자.

셀프 체크리스트

- 문제 해결에의 중요도와 기여도가 낮은 문제들이 적절히 삭제되었는가? ☐
- 문제 분해의 범주가 적절히 분류되었는가? ☐

발산하기

문제 찾기	문제 이해			해결안 탐색			해결안 설계와 적용	
공감하기	문제 분석	핵심 파악	문제 정의	문제 분해	발산하기	패턴의 응용	절차적 설계	구현하기

※ 활용한 활동에 ○표시를 하거나 활용한 순서대로 번호를 써 보세요. 복수로 선택할 수도 있습니다.

발산하기는 이전 단계인 문제 분해 단계를 통해 명료해진 문제 상황을 해결 또는 개선할 수 있도록 다양한 아이디어들을 양산하는 단계이다. 아이디어 발산과 관련해 사람들은 보통 문제를 해결할 수 있는 하나의 확실한 해결안을 찾으려고 한다. 습관처럼 일종의 정답을 찾으려는 것이다. 하지만 정말로 창의적인 아이디어를 찾기 위해서는 '머릿속에 떠오르는 풍부한 아이디어들을 거침없이 양산'할 필요가 있다. 때로는 황당하고 어이없는 아이디어라고 하더라도 우선은 마음껏 발산하고 팀원들과 함께 이야기하다보면 혁신적인 아이디어로 다시 태어날 수 있다.

이 장에서는 우선 발산하기와 관련된 몇 가지 개념들을 살펴보고, 관련 사례들을 통해 그 의미와 가치를 되새길 것이다. 그리고 아이디어 발산을 위한 규칙에 따라 각 팀은 실제로 자신의 주제와 관련해 아이디어 발산을 시도할 것이다. 이때 주제나 팀원들의 특성에 따라 '브레인스토밍'과 '브레인라이팅'을 선택해서 사용할 수 있다. 아이디어 발산 단계에서 가장 중요한 것은 '가능한 한 새롭고 창의적인 아이디어들을 자유롭게 발산'하는 것이다. 이후 아이디어들은 최종적으로 몇 가지 기준에 따라 배열하고 선별하는 수렴을 거치게 되는데, 그 결과물은 다음 단계인 패턴의 응용을 위한 기초가 된다.

1 아이디어 발산

아이디어 발산(Ideate)은 해결 방안을 직접 찾아가는 첫 단계로, 하나의 정답을 찾는 것이 아니라 보다 창의적인 문제 해결을 위해 가능한 한 넓은 범위에서 다양한 가능성들을 탐색하는 과정이다. 따라서 아이디어 발산 단계에서는 이상하게 보이더라도 우선은 가능한 한 많은 아이디어를 양산하는 것이 필요하다. 물론 이러한 자유로운 발산에도 불구하고 모든 아이디어의 중심에는 언제나 '수요자의 니즈'가 있어야 하며, 마지막에는 '가장 흥미로운 아이디어, 가장 현실적인 아이디어, 가장 새로운 아이디어'와 같은 나름의 기준에 따라 몇 개의 아이디어를 선별해야 한다. 따라서 아이디어 발산은 확산적 사고와 수렴적 사고를 모두 포함한다고 할 수 있다.

2 브레인스토밍

포스트잇을 활용한 브레인스토밍

아이디어 발산 단계에서는 무엇보다 확산적 사고가 중요하다. 확산적 사고의 대표적인 방법으로는 미국 한 광고 회사의 창업자인 알렉스 오스본Osborne, A. F.이 1941년에 창안한 브레인스토밍(Brainstorming)이 있다. 그는 회사 내 각 부서의 구분과 업무 절차가 창의적인 아이디어의 발산을 저해한다고 생각했고, 이를 해결하기 위해 모두 함께 모여 자유롭게 아이디어를 발산하는 방법을 고안했다. 브레인스토밍은 다음과 같은 네 가지 원칙 아래에 수행된다. 첫째, 모든 아이디어를 수용한다. 둘째, 좋은 아이디어보다는 많은 아이디어를 추구한다. 셋째, 황당한 아이디어가 창의적인 아이디어를 만든다는 확신을 가진다. 넷째, 이미 제안된 아이디어로부터 다른 아이디어를 도출한다. 이러한 네 가지 원칙 중에 가장 중요한 것은 비판 없이 모든 아이디어를 수용하는 첫 번째 원칙이다. 양산된 아이디어에 대한 의견은 아이디어를 수렴하는 단계에서 이루어져야 하며, 이를 위해 아이디어를 발산하는 단계와 수렴하는 단계는 엄격히 구분되어야 한다.

브레인스토밍의 4S

- **비판 금지**(Support) : 창출된 모든 아이디어를 수용.
- **양산**(Speed) : 아이디어는 많으면 많을수록 좋음.
- **자유분방**(Silly) : 아무리 우스꽝스러운 아이디어라도 공유.
- **결합과 개선**(Synergy) : 이미 제안된 아이디어로부터 다른 아이디어를 이끌어 낼 수 있도록 함.

3 브레인라이팅

브레인라이팅(Brainwriting)은 독일 바텔레 연구소(Battelle Institut)에서 개발한 사고 프레임으로, '침묵의 브레인스토밍'이라는 별명을 가지고 있다. 왜냐하면 브레인라이팅은 브레인스토밍과 달리 팀원들과 아이디어를 '말'하는 방식이 아닌, 정해진 양식에 맞추어 각자가 자신의 생각을 순서에 맞게 '글'로 작성하는 방법을 사용하기 때문이다. 브레인라이팅은 때로 브레인스토밍보다 창의적인 아이디어 발산 기법으로 평가되기도 한다. 그 이유는 첫째 각자가 우선 자신의 생각을 적고 다른 사람들의 생각을 참고하며 자신의 생각을 발전시킴으로써 아이디어 발산이 몇몇 적극적인 팀원들에 의해 주도되는 것을 방지할 수 있고, 둘째 의도적으로 시간제한을 둠으로써 짧은 시간 안에 순수하고 창의적인 아이디어들을 양산할 수 있기 때문이다. 보통 6명의 팀원이 동일한 양식의 종이를 한 장씩 가지고, 아이디어 3개를 5분 안에 적는 방식을 취하기 때문에 소위 '635 브레인라이팅'이라고도 한다. 이 경우 30분 내 108개의 아이디어 도출이 가능하다.

브레인라이팅의 장점

- 지위나 입장이 달라도 자유롭게 아이디어를 제시할 수 있다.
- 처음 만나는 사람과도 진행할 수 있다.
- 다른 사람의 발언으로 방해받지 않는다.
- 아이디어 회의 시간을 정확히 관리할 수 있다.
- 모두가 참여하게 된다.

스토리 1 연극 〈슬립 노 모어〉에 나타난 아이디어 발산

〈슬립 노모어〉의 한 장면

영국 극단 펀치드렁크(Punchdrunk)의 공연 〈슬립 노 모어〉(Sleep No More)는 실험적인 방식으로 연극에 대한 몰입을 극단적으로 구현하고 있다. 셰익스피어의 〈맥베스〉를 원작으로 하는 이 연극은 정해진 무대도, 특별한 대사도, 스토리의 순서도 정해져 있지 않다. 관객은 이 공연을 위해 특별히 제작된 오래된 호텔에 입장하게 되고, 5분 간격으로 무리를 지어 엘리베이터를 타고 서로 다른 장면이 공연되고 있는 층으로 안내된다. 갑자기 나타나 복도를 지나가는 배우를 따라가 어떤 방에 들어가게 되면 〈맥베스〉의 한 장면이 펼쳐진다. 이러한 구성과 방식은 모두 관객의 몰입감을 높이기 위한 아이디어 발산의 결과이다. 관객이 연극의 어느 장면부터 보게 될지, 다음엔 어떤 장면을 마주치게 될지 모르는 형태는 각 장면에 대한 관객의 몰입감을 극대화하기 위한 아이디어이며, 히치콕의 영화에서 모티브를 얻은 장면 연출 역시 관객의 몰입감을 위한 창의적인 아이디어이다. 또한 모든 관객은 가면을 쓰고 이동하며 배우의 바로 옆에서 연극을 관람하는데, 이것 역시 주위의 다른 관람객을 개의치 않고 자신만의 연극을 가장 가까이에서 생생하게 볼 수 있는 방법으로 선택된 아이디어인 것이다. '완전한 몰입'을 위해 기능하는 각각의 이러한 아이디어들은 수많은 아이디어들이 발산되고, 그 안에서 가장 적절한 아이디어들이 수렴되었기에 가능했던 것이다.

스토리 2 피아노 연주 퍼포먼스 〈북극을 위한 비가〉에 나타난 아이디어 발산

노르웨이의 한 빙하 지대, 이탈리아의 피아니스트인 루도비코 에이나우디Einaudi, L.가 연주하고 있다. 그런데 일반적인 뮤직 비디오처럼 보이지 않는다. 그는 〈북극을 위한 비가〉(Elegy for the Arctic)를 작곡하고, 그린피스와 함께 이 퍼포먼스를 기획했다. 전례가 없는 속도로 북극의 빙하가 녹아내리고 있다는 사실을 우리 모두는 잘 인지하고 있다. 하지만 머리로 알고 있는 그 사실을, 우리는 마음으로 느끼지 못하고 있다. 이 영상에서 발견되는 특별한 아이디어는 '환경 파괴에 대한 의식은 무엇보다 우리 각자의 내면에서부터 자연스럽게 시작되어야 하며, 이를 위해 음악과 예술은 적절한 역할을 할 수 있다'는 것이다. 이 영상을 보며 우리는 북극의 순수함과 연약함이 피아노 연주를 통해 우리 각자의 마음 안에서 울려 퍼지는 경험을 하게 되며, 화면의 배경으로 있던 빙하가 우연히 녹아내리는 장면이 등장할 때면 자연에 대한 인간의 이기심과 무책임함을 반성하게 된다. 또한 빙하 조각들과 함께 부유하는 피아노의 모습은 마치 자연 속에서 방향을 상실한 오늘날 인간의 모습을 연상시킨다. 이 영상은 환경 파괴로 인해 녹아내리는 북극의 실상을 알리고자 하지만, 단지 객관적인 데이터를 통해 환경 파괴의 위험과 심각성을 알리는 것이 아니라, 환경 파괴를 원치 않는 인간의 자연스러운 본성을 일깨우는 방식으로 우리 각자가 내면에서부터 스스로 결단하도록 자극한다. 이 영상이 환경 파괴와 관련된 그 어떤 유명 인사의 연설이나 과학적 보고서 못지않게 긴 여운을 남길 수 있는 이유가 바로 그것이다.

북극에서 연주 중인 에이나우디

사례 휴대폰 앱 〈Gudak〉의 불편한 사진 찍기

스마트폰에서 사용할 수 있는 카메라 앱은 수없이 많다. 그리고 대부분은 쉽고 빠르게 멋있는 사진을 찍을 수 있는 기능을 자랑한다. 이런 상황 속에서 국내 기업 '스크루바'는 오히려 '불편한 카메라 앱'을 내놓았다. 제작자조차 성공을 의심했지만 140만 명이 다운로드하며 몇몇 국가에서는 한때 유료 앱 다운로드 1위를 차지하기도 했다. 자유로운 아이디어 발산이 적중한 것이다. 사진을 찍는 것은 특별한 순간을 간직하기 위해서이다. 그러나 쉽고 빠르게 찍을 수 있는 기존의 카메라 앱들은 그 특별한 순간을 담아내기 위한 기회들을 박탈하고 있는 것인지도 모른다. 과거 일회용 반자동 카메라로 사진을 찍던 시절을 생각해 보면 다소 불편해 보이지만 바로 그 불편함 때문에, 오히려 사진을 소중하게 찍고 보관하고 추억할 수 있었다. 이에 스크루바는 불편한 사진 찍기를 제공할 수 있는 아이디어들을 발산하고 선별해 새로운 콘셉트의 앱을 만들었다. 이를테면 작은 뷰파인더, 포커스나 줌 기능이 없는 사진 찍기, 필름 카메라처럼 최대 24장 정도만을 찍을 수 있는 제한, 게다가 사진관에 필름을 맡기듯 3일이 지나야 사진을 확인할 수 있는 불편함을 더했다. 사진을 불편하게 찍도록 만드는 구닥의 수많은 아이디어들은 오히려 우리에게 소중한 사진을 찍을 수 있는 기회를 제공하고 있다.

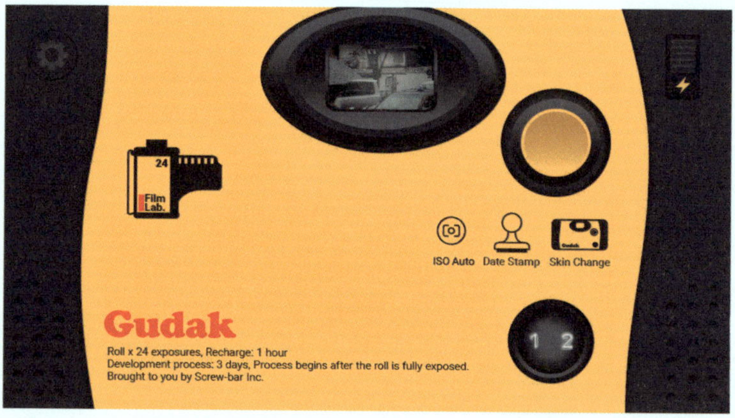

불편한 사진 찍기의 재미 〈구닥〉

활동

1. 문제 분해 단계까지의 내용을 정리하여 공유해 보자.

2. 아이디어 발산 단계의 규칙들을 다시 한 번 공지하며 팀원들 간 확인해 보자.

3. 브레인스토밍 기법을 활용하여 발산적 사고를 수행해 보자.

첨부된 양식을 절취해 필요한 크기만큼 팀원들끼리 이어 붙여 책상 가운데나 벽에 붙여 두고,
갑자기 떠오르는 아이디어들을 50개 이상 포스트잇에 적어 붙이기.

4. 브레인스토밍이 적절히 실행되지 않는 경우(ex. 몇 명에 의해 주도, 소극적인 팀원) 브레인라이팅을 통해 아이디어를 발산해 보자.

첨부된 양식을 각자 절취해 사용하기.

5. 아이디어 선정을 위해 투표를 실시한다. 하나의 '최종 해결책'을 선정하는 것이 아니라, 3개 정도의 새롭고 창의적인 아이디어를 선정하도록 한다.

6. 다른 학생들과 교수의 피드백을 정리해 보자.

반영할 내용 :

반영하지 않을 내용 :

보류할 내용 :

셀프 체크리스트

- 문제 분해 단계의 결과물에 대한 정확한 이해가 공유되었는가? ☐
- 아이디어 발산 단계의 필요성과 가치를 충분히 이해하고, 브레인스토밍 또는 브레인라이팅 기법을 사용해 실제로 아이디어를 양산했는가? ☐
- 발산된 아이디어들을 최종적으로 정리하고 선별했는가? ☐
- 최종 선별된 아이디어가 다음 단계인 패턴의 응용을 위해서도 적절한가? ☐

MEMO

※ 브레인라이팅 양식

[팀별 주제 :   ]

	아이디어 A	아이디어 B	아이디어 C
1 라운드			
2 라운드			
3 라운드			
4 라운드			
5 라운드			
6 라운드			

[팀별 주제 :   ]

	아이디어 A	아이디어 B	아이디어 C
1 라운드			
2 라운드			
3 라운드			
4 라운드			
5 라운드			
6 라운드			

6명의 팀원이 각자 위와 같은 양식의 종이를 한 장씩 가지고, 동시에 5분 이내에 첫 줄에 아이디어 3개를 작성한다. 이후 종이를 오른쪽 팀원에게 전달해 같은 방식으로 2라운드를 진행한다. 이렇게 총 6라운드를 진행하는 것이 이상적이다.

[팀별 주제 :   ]

	아이디어 A	아이디어 B	아이디어 C
1 라운드			
2 라운드			
3 라운드			
4 라운드			
5 라운드			
6 라운드			

[팀별 주제 :   ]

	아이디어 A	아이디어 B	아이디어 C
1 라운드			
2 라운드			
3 라운드			
4 라운드			
5 라운드			
6 라운드			

6명의 팀원이 각자 위와 같은 양식의 종이를 한 장씩 가지고, 동시에 5분 이내에 첫 줄에 아이디어 3개를 작성한다. 이후 종이를 오른쪽 팀원에게 전달해 같은 방식으로 2라운드를 진행한다. 이렇게 총 6라운드를 진행하는 것이 이상적이다.

MEMO

패턴의 응용

문제 찾기	문제 이해			해결안 탐색			해결안 설계와 적용	
공감하기	문제 분석	핵심 파악	문제 정의	문제 분해	발산하기	패턴의 응용	절차적 설계	구현하기

※ 활용한 활동에 ○표시를 하거나 활용한 순서대로 번호를 써 보세요. 복수로 선택할 수도 있습니다.

복잡한 문제 해결을 위해서는 사안에 필요한 정보를 찾아 유용하게 활용하는 능력이 매우 중요하다. 왜냐하면 정보화 사회에서는 개인적인 문제든 사회적인 문제든 가장 적절한 해결 방법을 마련하는 데에 정보 활용 능력이 큰 영향을 미치기 때문이다.

'패턴의 응용'이란 수집한 정보를 활용하는 방법 중에서 축적한 정보로부터 발견할 수 있는 패턴을 파악하고 그것을 응용하여 해결안을 구체화하는 것을 말한다. 해결해야 하는 새로운 문제를 가장 적절하면서도 신속하고 효율적으로 처리하기 위해서는 기존의 정보를 활용해야 하는데, 이때 정보는 패턴을 중심으로 분석하거나 수집하게 된다. 이 단계에서 실행할 수 있는 방법은 크게 두 가지로 나누어진다. 하나는 지금 해결해야 할 문제와 유사한 기존 문제의 해결안들을 찾아보고 그들 가운데 유용한 패턴을 파악하여 우리의 최종 해결안에 응용하는 방법이다. 다른 하나는 해결해야 할 문제를 여러 관점에서 나누어 살펴보고 각각의 관점에서 유사한 패턴의 문제 해결안이 기존에 있었는지 알아본 후 그것들을 종합적으로 응용하는 방법이다.

이 장에서는 앞장에서 이루어진 아이디어 발산 및 수렴을 토대로 정보를 수집하고 그 가운데 유용한 패턴을 파악하여 우리에게 필요한 최적의 문제 해결안에 응용하고자 한다. 이렇게 마련한 최종 해결안은 다음 단계에서 '절차적 설계'를 하면서 점검하게 될 것이다.

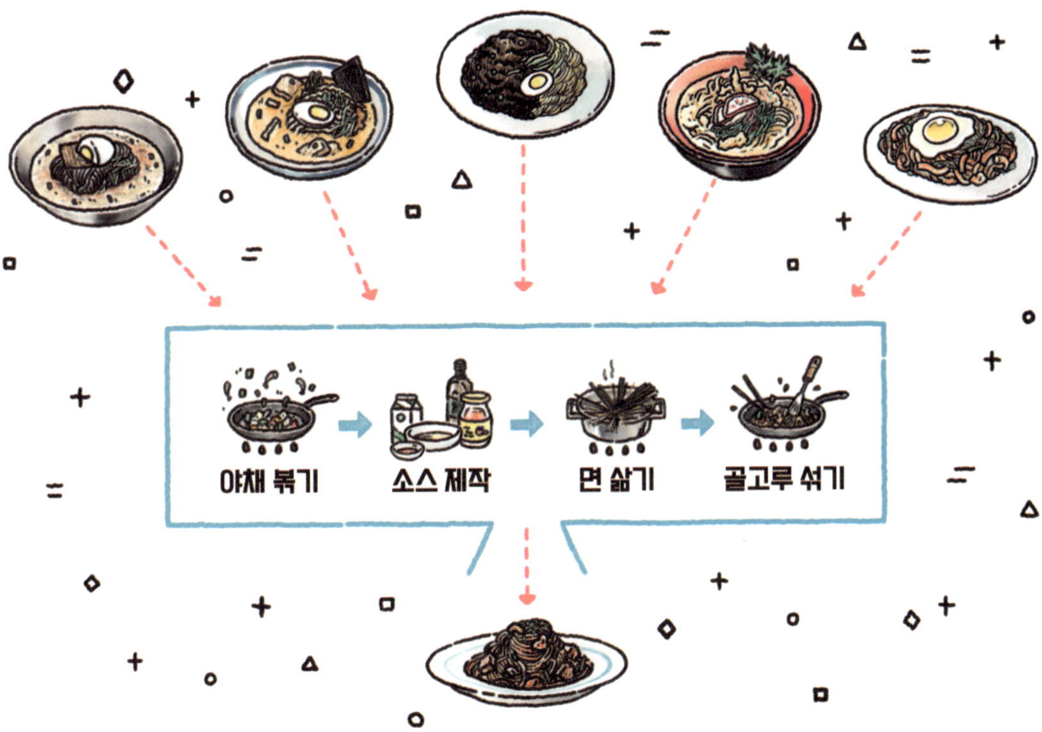

1 패턴의 의미

패턴이란 반복적으로 사용하는 일정한 형태나 양식 혹은 모형 등을 말한다. 따라서 뉘슬라인 폴하르트Nüsslein-Volhard, C.가 말한 것처럼 "조각 하나가 아니라 전체 그림을 가늠할 수 있을 만큼의 충분한 조각들과 그것들 사이의 연관성"에서 패턴이 발생한다. 음악, 미술, 문학, 의상, 스포츠, 과학, 의학 등 다양한 분야에서 혹은 일상생활에서 패턴 개념은 유용하게 쓰이고 있다.

호레이드 저드슨Judson, H. F.에 의하면 "패턴을 알아낸다는 것은 다음에 무슨 일이 일어날지 미리 아는 것을 의미한다." 무질서해 보이는 정보들을 분류하고 그 가운데에서 패턴을 파악해 놓으면 다음 정보가 새롭게 들어올 때 그것이 무엇인지 어디에 속하는지 미리 알 수 있다. 패턴은 정보들 간의 시청각적 유사성이나 공통된 원리 등을 파악할 때 알게 되는 것이므로 기존의 정보로부터 발견한 패턴을 기준으로 새롭게 수집한 정보를 분석할 수 있다.

패턴은 저절로 알 수 있는 것이 아니라, 의식적으로 파악하려 할 때 알 수 있는 경우가 더 많다. 특히 복잡한 사회적 문제를 해결하기 위하여 정보의 패턴을 파악해내는 것은 쉽지 않은 일이다. 하지만 해결하고자 하는 새로운 문제와 유사한 기존의 문제를 찾아 해결된 방안을 보고 유용한 패턴을 알아낼 수 있다면, 그것은 현시점에서 가장 적절한 해결책을 마련하는 길이다.

2 기존 문제 해결안의 탐색

신속하고 적절하게 문제 해결안을 마련하기 위해서는 기존에 이미 실행한 적이 있는 문제 해결안들을 살펴보는 것이 큰 도움이 된다. 이 과정은 정보의 수집과 분석으로 이루어지는 것이어서 어떤 정보를 수집할 것인지 계획을 잘 세워야 한다. 해당 문제의 수요자, 해결안의 도구, 해결안 실행 주체 등등 여러 관점에서 정보를 찾을 필요가 있다. 그 정보는 해결안을 마련하는 측에서 직접 현장 연구를 통해 축적해야 할 데이터일 수도 있고, 인터넷 검색으로 알 수 있는 기존의 유사한 문제 해결안 사례일 수도 있고, 관련 문제의 학술적 연구 자료일 수도 있다. 무조건 많은 자료를 수집하는 것보다 유용한 정보를 찾아내는 것이 중요하므로 팀 활동의 경우 이 과정에서도 수시로 상의하는 것이 좋다.

3 유사점과 차이점 분석

문제 해결을 위한 패턴의 응용 단계에서는 수집한 정보를 추상화하거나 분해하여 '해결안을 도출하는 데에 유용하게 쓰일 수 있는 패턴'을 파악하는 것이 중요하다. 이때 기준점에 따라 수집한 정보들 간에 유사점은 무엇이고 차이점은 무엇인지 분석하여 정리하는 것은 정보의 패턴을 파악하기 전에 먼저 이루어져야 하는 기본적인 작업이다. 이 분석 과정을 통해 해결안에 유용하게 쓰일 수 있는 정보의 패턴을 파악할 수 있다. 정보를 분석하기에 앞서 이미 수집 단계에서 어떤 유사점을 기준으로 정보를 축적하였다면 차이점을 분석할 필요 없이 쉽게 패턴을 파악할 수도 있다.

4 패턴의 응용을 통한 해결안 도출

여기에서 살펴볼 것은 두 가지 유형의 패턴 응용 방법이다. 우선 첫 번째 방법을 그림으로 나타내면 아래와 같다. [패턴의 응용 방법 1]은 현재 해결하고자 하는 문제와 유사한 기존의 문제를 찾아 그것의 해결안들의 정보를 수집하고(유사한 유형의 해결안 A, B, C 등등) 그들 가운데 유익한 패턴(공통점이나 유사점)을 파악하여 최종 해결안에 응용하는 방법이다.

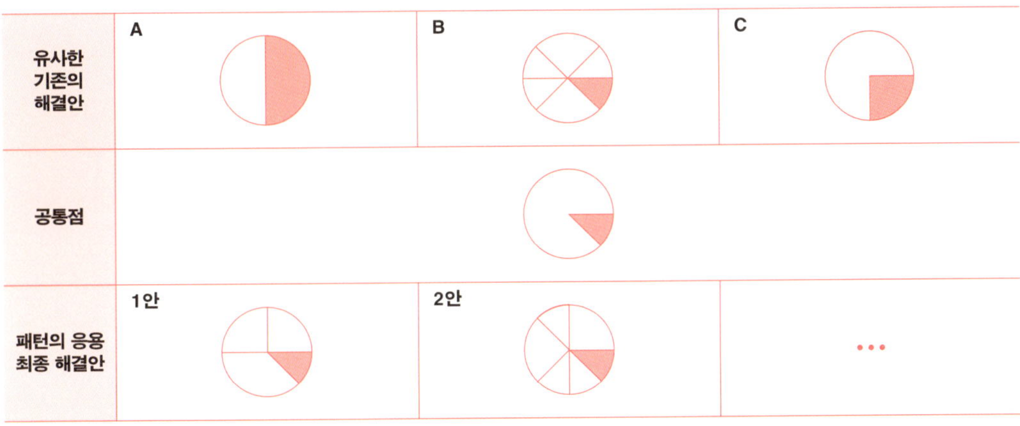

패턴의 응용 방법 1

다음으로 두 번째 패턴의 응용 방법을 그림으로 나타내면 표 [패턴의 응용 방법 2]와 같다. 앞서 아이디어 발산과 수렴 단계에서 제시되었던 몇 가지 해결안 아이디어와 관련하여(해결안 A, B, C 등등) 각각의 해결안과 유사한 기존 해결안이 있는지 찾아보고(A′, B′, C′ 등등) 유용한 패턴을 파악하여 현재 문제의 최종 해결안에 응용하는 방법이다.
최종 해결안은 하나만 마련하여도 좋으나, 만약을 대비해 2안을 제시해 놓는 것도 문제를 신속하고 효율적으로 해결하는 좋은 방법이다.

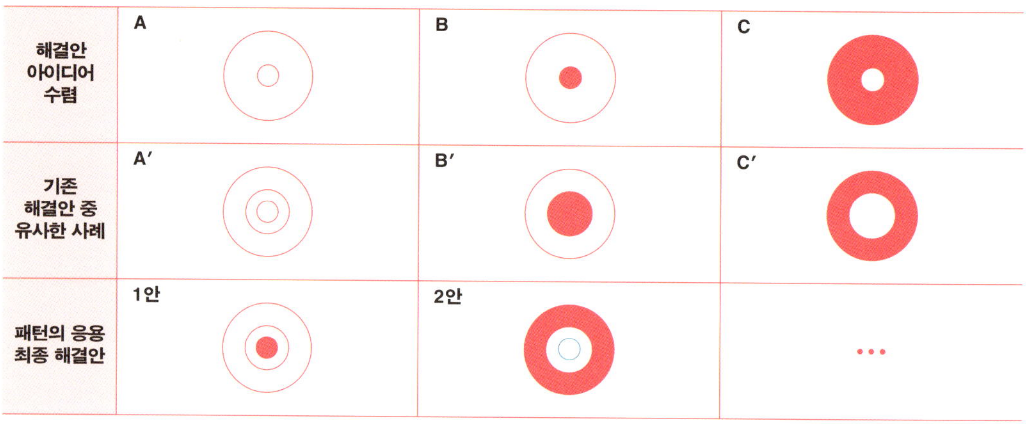

패턴의 응용 방법 2

스토리 정보의 축적과 활용의 모범을 보여 준 통일신라의 기와 문화

한국 기와의 역사는 고조선 시대까지 거슬러 올라간다는 주장이 있기도 하지만 현재 찾아볼 수 있는 기와 유물 중 가장 오래된 것은 삼국 시대의 것이다. 중국, 한국, 일본의 기와가 서양의 기와와 크게 다른 점은 '암키와'와 '수키와'를 구분하여 만들어 쓴다는 것이다. 이것은 동양 사상의 근간인 음양 이론을 건축문화에도 적용한 것이라 할 수 있는데, 암수 기와의 구성은 빗물을 잘 흐르게 하는 기술적인 이점까지 갖춘 것이기도 하다.
지붕 기와의 구성은 점점 복잡해져 암키와, 수키와, 암막새, 수막새, 초가리기와, 치미, 취두, 용두, 토수, 잡상 등 쓰임새에 따라 다양한 기와를 구워 쓰게 되었는데, 통일신라시대에 이와 같은 다양한 기와가 집중적으로 만들어졌다. 한국박물관연구회에 따르면 한국 기와의 역사에서 통일신라시대는 '기와 문화의 꽃을 피웠다'고 평가받는다. 통일신라의 기와는 신라의 기와 전통을 이어가면서 백제와 고구려, 그리고 당나라 기와의 특성까지 적극적으로 수용하였을 뿐만 아니라 독자적으로 창의적이고 실용적인 혁신을 도모하기도 하였다.

통일신라시대에는 삼국 시대에 거의 제작되지 않았던 암막새기와가 다량 제작되었고 암막새에 무늬를 넣기 시작하였다. 또한 소형막새, 타원막새, 모서리막새 등 이형막새류가 나타났고 서까래기와와 다양한 마루기와 등이 제작되었다. 통일신라 초기부터는 타원형의 수막새도 사용되어 형태 자체에도 변화를 가져왔다.

통일신라시대의 기와는 유래 없는 복합 과정을 거쳐 새롭고 뛰어난 기와를 개발하기에 이르렀는데, 이렇게 할 수 있었던 것은 무엇보다 그 이전에는 알기 어려웠던 다양하면서 깊이 있는 정보를 수집할 수 있었기 때문이라고 할 수 있다. 삼국을 통일하면서 고구려, 백제, 신라의 정보와 통일 과정에 우방이었던 당나라의 정보까지 어렵지 않게 가져올 수 있었으며, 적극적으로 정보를 적용하여 활용하기를 서슴지 않았다. 더 나아가 여러 지역의 다양함을 반영하는 것에 그치지 않고 다른 기능과 디자인을 모색함으로써 아름답고 효율적인 기와를 개발해내기에 이른 것이다.

고구려 짐승얼굴무늬
— 수막새

백제 연꽃무늬
— 수막새

신라 얼굴무늬
— 수막새

수막새와 암막새 기와지붕
— 도산서원

통일신라 보살무늬
— 수막새

통일신라 연꽃무늬
— 암막새

통일신라 기린무늬
— 암막새

※ 문화재청과 국립중앙박물관 소장 사진

사례 1 해물잡탕찌개 끓이기

'해물잡탕찌개 끓이기'에 첫 도전하는 상황이라면, 우리는 이미 잘 알고 있는 기존의 찌개 끓이기 방법들과 관련한 정보들을 수집하여 정리해야 한다. A는 김치찌개, B는 된장찌개, C는 부대찌개 등의 찌개 끓이기 레시피를 정리해 보면 공통적으로 발견되는 패턴이 있을 것이다. 다시 말해 이 세 가지 찌개 요리법을 알아보고 공통점과 차이점을 구분해 놓으면, 공통점을 통해 찌개 끓이는 방법의 패턴을 알 수 있을 것이다. 찌개는 조림이나 국과는 다른 요리법이 필요하다. 따라서 축적한 정보를 활용한 찌개 끓이는 방법의 패턴을 응용한다면 신속하고 효율적으로 '해물잡탕찌개 끓이기' 미션을 완수할 수 있다.

유사한 기존 문제 해결안	A. 김치찌개	B. 된장찌개	C. 부대찌개
공통점	기본 국물 준비 — 재료 손질 — 국물이 끓으면 재료 넣기 — 간 맞추기		
패턴 응용 해결안	[1안] 멸치 육수 준비 — 해물&채소 재료 손질 — 국물이 끓으면 재료 넣기 — 간 맞추기	[2안]	

앞서 살펴본 사례와 마찬가지로 우리가 해결해야 하는 문제가 '해물잡탕찌개 끓이기'라면, 이 문제를 다각도에서 살펴볼 필요가 있다. 우선 찌개 요리법을 알아보아야 할 것이며, 다른 측면에서는 해물을 재료로 하는 요리법을 알아보아야 한다. 또 다른 측면에서는 잡탕이라는 요리가 무엇인지 살펴볼 필요가 있다. 그래서 A는 대표적인 찌개 요리인 된장찌개를 떠올릴 수 있는데, 같은 찌개라도 매운맛이 나는 찌개 요리가 해물잡탕찌개에 어울릴 레시피라고 생각할 수 있다. 그렇다면 A′는 고추장찌개로 정하여 정보를 검색한다. B는 해물을 재료로 하는 해물탕이나 해물찜을 떠올릴 수 있는데, 해물 재료 손질법이 궁금하므로 B′는 해물볶음으로 정하여 정보를 검색한다. 마지막으로 C는 잡탕이라는 요리에서 가장 유명한 것이 무엇인지 의견을 나눌 수 있는데, 전문 요리사들이 만드는 중국식 잡탕밥(해물덮밥) 요리법이 유익할 것이라고 생각하여 C′는 중국식 잡탕밥으로 정하여 관련 정보를 검색한다. 이렇게 축적한 정보를 가지고 최종 해결안을 마련한다.

해결안 아이디어 수렴	A. 된장찌개	B. 해물찜	C. 잡탕
기존 해결안 유사 사례	A′. 고추장찌개	B′. 해물볶음	C′. 중국식 잡탕밥
패턴 응용 해결안	[1안] 고추장찌개 요리법 + 해물볶음 요리법 [2안] 〈맵지 않은〉 된장찌개 요리법 + 중국식 잡탕밥(해물덮밥) 요리법 …		

사례 2 지하철 열차 칸마다 혼잡도 확인하기

지하철을 타본 사람들은 대부분 알겠지만, 열차 칸마다 머무르는 승객 수가 각기 다르다. 그래서 열차 칸을 이동해 좌석을 찾거나 조금이라도 덜 혼잡한 곳을 찾기도 한다. 물론 환승하기에 좋은 열차 칸을 찾는 사람도 있겠지만, 약 18평~20평(도시마다 약간의 차이가 있음) 정도의 공간에 좌석 수가 정해져 있어서 앉을 수 있는 좌석의 유무나 인구 밀도 정도를 알고 싶어 하는 승객도 있다.

이와 같은 문제의식을 가지고 팀 프로젝트를 진행한 학생들이 있다. 6명의 팀원 이름을 활용하여 '이동규[2]'라고 팀명을 정한 이 학생들은 해결안으로 A. 좌석 사용 유무를 알 수 있는 장치, B. 사람이 얼마나 존재하는지를 감지하여 인구 밀도를 파악할 수 있는 장치, C. 이러한 정보를 알릴 수 있는 장치를 마련해야 한다는 것으로 아이디어를 수렴하였다. 그리고 문제 해결의 구체적인 방안을 마련하기 위하여 기존에 이 아이디어들과 유사한 문제 해결 사례들이 있는지 찾아보았는데, 영화관의 자리 예약과 도서관의 좌석 정보 앱 사례, 적외선 센서나 무게 감지 센서, 모션 센서 등의 사례를 찾을 수 있었다.

해결안 아이디어 수렴	A. 좌석 사용 유무	B. 한 칸 인구 밀도 파악 (사람의 존재 유무로)	C. 열차 칸의 정보 알림
기존 해결안 유사 사례	A′. 영화관 자리 예약 도서관 좌석 정보 어플	B′. 적외선 센서 모션 센서	C′. 지하철 전광판 지하철 정보 어플
패턴 응용 해결안	[최종안] 지하철 좌석 착석 센서 + 바닥 센서 + 열차 칸마다 좌석 사용과 인구 밀도에 대한 정보 알림 장치(전광판 이용) …		

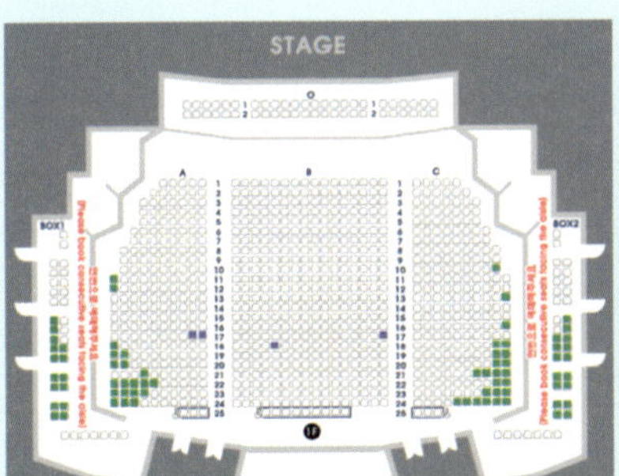

유사한 패턴을 응용한 최종 해결안으로 지하철 좌석과 바닥에 무게를 감지할 수 있는 센서를 부착하여 좌석 사용과 사람의 존재 유무를 알 수 있도록 하고, 그것에 대한 정보를 지하철 전광판에 알리는 방법을 제시하였다.

활동 1

(필요한 경우) **현장 활동하기**

관찰이나 인터뷰 등 현장 활동이 필요하다면 다음 양식을 활용하여 정보를 수집해보자.

현장 활동 메모지	
현장 활동 기간	
참여 학생 명단	
활동 목표	
활동 방법	

현장 활동 내용

셀프 체크리스트

- 활동 목표를 명확하게 설정하였는가? ☐
- 현장 활동 방법을 시간과 장소, 연구 대상까지 아울러서 구체적으로 마련하였는가? ☐
- 현장 활동 기록 내용을 팀원과 함께 검토하였는가? ☐

활동 2

패턴을 파악하기 위한 기존 사례 자료 수집

신문기사, 사전, 논문, 동영상 등의 자료 수집 후 주요 정보를 정리하고 출처 작성법에 맞추어 기록을 남겨 보자. 출처는 부록에 제시된 방법에 따라 작성해 보자.

주요 정보	출처

셀프 체크리스트

- 출처 작성법을 확실하게 인지하고 반영하였는가? ☐
- 다양한 자료를 찾기 위해 노력하였는가? ☐
- 자료에서 유익한 정보를 잘 파악하였는가? ☐

활동 3

'패턴의 응용 방법 1'로 최종 해결안 마련하기

수집한 정보를 '패턴의 응용 방법 1'에 따라서 활용해 보자.

우리가 해결해야 할 문제 정의 :

	A	B	C
유사한 기존 문제 해결안			

공통점	차이점

패턴의 응용 최종 해결안	**1안**	**2안**

셀프 체크리스트

- 우리 팀 문제 정의를 기반으로 기존에 유사한 문제 해결 사례들을 충실히 찾아보았는가? ☐
- 기존 문제 해결 사례들을 자세히 파악하여 사례들 간에 공통점과 차이점을 알아내었는가? ☐
- 사례에서 발견한 패턴들을 우리 팀 문제 해결책에 응용해 보았는가? ☐

활동 4

'패턴의 응용 방법 2'로 최종 해결안 마련하기

수집한 정보를 '패턴의 응용 방법 2'에 따라서 활용해 보자.

우리가 해결해야 할 문제 정의 :

해결안 아이디어 수렴	A	B	C
기존 해결안에서 유사한 사례	A′	B′	C′

패턴의 응용 최종 해결안	1안	2안

셀프 체크리스트

- 아이디어 발산에서 수렴한 문제 해결책들과 관련하여 유사한 사례 검색에 충실하였는가? ☐
- 문제 해결 아이디어(A, B, C)와 유사한 사례로부터 각각 패턴을 파악하였는가? ☐
- 파악한 패턴들을 우리 팀 문제 해결책에 응용해 보았는가? ☐

절차적 설계

문제 찾기	문제 이해			해결안 탐색			해결안 설계와 적용	
공감하기	문제 분석	핵심 파악	문제 정의	문제 분해	발산하기	패턴의 응용	절차적 설계	구현하기

※ 활용한 활동에 ○표시를 하거나 활용한 순서대로 번호를 써 보세요. 복수로 선택할 수도 있습니다.

절차적 설계는 문제를 성공적으로 해결하기 위해 해결안을 순차적으로 설계하여 시각화하는 단계이다. 복합적 문제의 해결안은 여러 대안을 응용하고 융합하여 제시하기 때문에 적용하는 과정이 복잡하다. 그러나 아무리 복잡한 문제라도 해결 과정을 단계별로 나누어 작은 단위부터 하나하나 수행해 나가다 보면 마침내 해결하게 된다. 이 과정에서는 여러 팀원이 함께 문제를 해결해야 하므로 문제를 해결하는 절차와 방법을 분명하게 제시하여 서로 소통하는 것이 중요하다. 이 장에서는 먼저 해결안의 목표를 구체화하고 실현 가능하게 만드는 'SMART' 목표 설정에 대해 알아본다. 다음으로 해결안을 구현하기 위해 절차를 설계하는 방법과 팀원들이 함께 실행하기 위해 수행 절차를 계획하는 방법을 살펴본다. 문제 해결 과정을 어떻게 진행해야 할지 표로 작성하고, 구체적인 문제 해결 과정을 계획하고 나면 다음 단계인 '구현하기'에서 이를 실행하게 된다.

1 문제 해결안 목표 설정

어떤 현상을 '문제'로 발견했다는 것은 그 문제를 해결해야 하는 특정 목적이 정해졌다는 것이다. 그것이 우리 학교의 쓰레기를 줄이는 것이든, 북한 이탈 학생들의 학업 성과를 높이는 것이든, 정서적으로 학대받은 아동의 수를 줄이는 것이든, 장애인이 대중교통을 조금 더 편리하게 이용하게 하는 것이든 결국 목적을 이루기 위해 노력하는 것이며, 이를 위해서는 구체적 목표와 계획을 세우는 일이 중요하다. '목표 설정 이론'(Goal Setting Theory)에 따르면 목표를 스마트(S.M.A.R.T.)하게 설정하는 것이 목표를 달성하는 데 도움이 된다. 심리학자인 에드윈 로크Locke, E.와 게리 라탐Latham, G.은 불분명하고 시간제한이 없고 무의미한 목표는 실천 행위까지 이어지기 어렵고, 결국은 목표한 바를 이루기 어렵다고 주장하였다. 따라서 문제 해결안을 다음과 같이 스마트하게 설정하는 것이 우선되어야 한다.

SMART 목표		
Specific	구체적인	누가, 무엇을, 어떻게, 어느 정도 할지를 최대한 세부적으로 계획한다.
Measurable	측정 가능한	목표나 결과물의 양과 질을 설정한다.
Achievable	달성 가능한	제한 시간 내에 팀 구성원들이 할 수 있는 정도의 범위 안에서 목표를 설정한다.
Relevant	목적과 관련된	애초에 문제를 해결하고자 했던 목적과 일맥상통하는 목표를 설정한다.
Timely	마감 기한이 있는	모든 작업에는 마감 날짜와 시간을 정하고, 기한을 반드시 지키도록 한다.

예시: 캣홀릭대학교

- **목적** : 가톨릭대학교 유기묘 보호
- **문제 정의** : 어떻게 하면 가톨릭대학교 성심교정 내에 살고 있는 유기묘가 지속적으로 안전하게 학교 구성원과 공존할 수 있을까?
- **해결안** : 학내 유기 동물 보호 동아리를 결성하여 학교 본부, 유기 동물 보호 단체, 동물 병원과 연계하여 지속 가능한 유기 동물 공존 체계를 구축한다.
- **목표** :
  1. 각 동물의 건강 상태와 위생 상태를 유지하도록 부천 지역 동물 병원과 연계하여 연 2회 정기 건강검진을 실시하도록 한다.
  2. 우리 팀 전체가 힘을 합쳐 지속 가능한 가톨릭대학교 내 유기 동물 보호 계획 제안서를 부천시 동물 보호 단체에 2020년 11월 30일까지 제출한다.
  3. 고양이 정기 진료, 예방 접종 등 의료비용을 충당하기 위하여 200만 원을 목표로 교내 학생과 교직원을 대상으로 연 1회, 5월에 모금 활동을 한다.

2 문제 해결안 절차 설계

스마트한 목표에서 도출되는 결과물은 가시적이고(visible), 손에 잡히고(tangible), 측정할 수 있고(measurable), 유의미한(significant) 결과물이어야 한다. 이럴 경우 문제 해결의 실질적인 해결안이 마련되었다고 말할 수 있다. 문제 해결안을 실행하였을 때 그 결과물은 사전에 목표했던 것과 상당 부분 일치해야 한다. 해결안 설계의 핵심은 해결안의 실행 순서(절차)를 결정하는 것이다. 이러한 '절차적 설계'는 두 측면에서 살펴볼 수 있다.

(1) 해결안 구현 절차 : 문제 해결안 자체가 실행되어 결과를 구현하는 과정, 원리 등을 순차적으로 풀어내어 설계하는 것이다. 예를 들어 아동학대 문제를 생각해 볼 수 있다. 이 경우 중요한 것은 '양육자의 아동학대 자가진단을 촉구'하고 양육자가 스스로 자신의 양육 태도나 아동학대의 정도를 객관적으로 평가할 수 있도록 돕는 것이다. 양육자가 아동학대 진단 도구에 접속하여 자신의 아동학대 정도를 측정하는 방법, 그리고 그 결과를 받아보고 자신의 다음 행동을 결정하게 되는 전체적인 과정을 설계하는 것도 해결안 구현 절차에 해당된다.

(2) 해결안 수행 절차 : 문제 해결 방안의 전체적인 과정을 염두에 둔 상태에서 팀원들이 해야 할 일을 시작부터 마무리 단계까지 나열하고, 팀원의 역할을 분담하는 것이다. 앞에서 제시한 아동학대 자가진단 해결안을 만들기 위해 해야 할 일로는 신뢰성 높은 무료 아동학대 진단 도구 발견, 진단 도구 접속 경로인 소셜미디어 사이트 개발, 사이트 홍보 등의 업무가 있을 수 있다. 팀원들은 각자 맡게 될 업무를 분담하고, 각 업무를 언제 시작해서 언제까지 완료할지, 어느 수준까지를 성공적인 결과로 인정할 것인지 등을 결정할 수 있다.

문제 해결안 절차 설계

3 문제 해결안 절차 표현

문제 해결안을 수행하기 위해서는 '문제 해결안이 구현되는 순서'와 '팀원들이 역할을 분담하여 해결안을 실행하는 절차'를 한눈에 알기 쉽게 표현해 놓는 것이 좋다. 절차 표현은 기호, 그림, 순서도, 간트 차트(Gantt Chart)와 같이 시각적인 요소를 강조하여 알기 쉽게 표현한다.

해결안을 성공적으로 실행하기 위해서는 누가, 무엇을, 어떻게, 언제까지 할지에 대한 상세한 계획이 필요하다. 이를 위해서는 팀원이 각자의 역량에 맞게 역할을 분담하고 마감 기한과 만족할 만한 결과물의 정도를 함께 논의하고 결정해야 한다. 이러한 과정을 한눈에 보기 좋게 표현하는 것이 간트 차트이다. 간트 차트는 문제 해결안 절차를 실행하는 데 있어 프로젝트 일정을 막대 형태로 표시한 일정표이다. 문제 해결안의 주요 단계와 결과물을 파악한 후, 각 단계에서 수행해야 할 활동의 일정을 시작하는 지점과 끝나는 지점을 연결해 막대 모양으로 표시하기 때문에, 막대 길이는 작업 시간과 비례한다. 이 표에 각 활동의 담당자 이름과 결과물을 표시하면 시작부터 끝까지 무슨 일을 얼마 동안 누가 해야 하는지에 대한 전체 계획이 한눈에 보이게 된다.

예시: 아동학대 자가진단 사이트 개발 및 계획

<table>
<tr><th>내용</th><th>담당</th><th>1주</th><th>2주</th><th>3주</th><th>4주</th><th>5주</th><th>6주</th><th>7주</th><th>8주</th><th>달성 기준</th></tr>
<tr><td>진단 도구 선택</td><td>박규영</td><td>■</td><td>■</td><td></td><td></td><td></td><td></td><td></td><td></td><td>무료, 보건복지부 인증</td></tr>
<tr><td>사이트 개발</td><td rowspan="5">박규하
김인희</td><td>■</td><td>■</td><td>■</td><td>■</td><td></td><td></td><td></td><td></td><td rowspan="5">사용성 자체 평가 통과</td></tr>
<tr><td>① 사이트 접속</td><td>■</td><td>■</td><td>■</td><td>■</td><td></td><td></td><td></td><td></td></tr>
<tr><td>② 아동학대 진단 도구 접속 및 설문 입력</td><td>■</td><td>■</td><td>■</td><td>■</td><td></td><td></td><td></td><td></td></tr>
<tr><td>③ 진단 결과 출력</td><td>■</td><td>■</td><td>■</td><td>■</td><td></td><td></td><td></td><td></td></tr>
<tr><td>④ 추가 정보 제공</td><td>■</td><td>■</td><td>■</td><td>■</td><td></td><td></td><td></td><td></td></tr>
<tr><td>진단 사이트 내용 작성</td><td>예지연</td><td></td><td>■</td><td>■</td><td>■</td><td></td><td></td><td></td><td></td><td>우호적 문체.
구체적이고 간결한 내용 전달</td></tr>
<tr><td>사이트 검토</td><td rowspan="2">정시율</td><td></td><td></td><td></td><td>■</td><td>■</td><td></td><td></td><td></td><td>문법적·기능적 오류 없음</td></tr>
<tr><td>사이트 홍보</td><td></td><td></td><td></td><td></td><td></td><td>■</td><td>■</td><td>■</td><td>주당 100명 이상 이용</td></tr>
</table>

스토리 앨런 튜링이 설계한 문제 해결안의 절차

앨런 튜링Turing, A.은 1912년 영국에서 태어나 1954년 42세의 젊은 나이로 생을 마감하기까지 알고리즘과 컴퓨팅의 개념을 공고히 하였다. 컴퓨터 초기 모델인 '튜링 머신'을 발명한 그는 오늘날에도 천재 수학자이자 컴퓨터 과학의 초기 이론을 다진 인물로 주목받고 있다. 튜링은 복잡하고 어려운 수학 문제를 풀 수 있는 기계를 만들기 위해 방법을 고민하던 중, 글을 읽고 논리적인 사고가 가능한 사람이라면 비록 수학 교육을 받지 않았어도 방법만 제시한다면 문제를 해결할 수 있을 것이라 생각했다.

그래서 튜링은 글은 읽을 줄은 알았으나 학교 교육은 받지 못한 가정부의 도움을 받기로 했다. 가정부가 복잡한 수학 문제를 풀 수 있도록 튜링은 풀이 과정을 아주 작은 단위로 쪼개었다. 셈을 할 수 있는 사고력과 지시를 따를 수 있는 능력만 있다면 해결할 수 있는 단위까지 잘게 나누었다. 그리고 하나하나 풀어나가는 절차를 알기 쉽게 풀어 썼다. 가정부는 주어진 순서대로만 따라하였고 결국 그 문제를 풀어냈다. 이렇게 해서 튜링은 아무리 복잡한 문제라도 해결 과정을 잘게 분해하여 순서대로 나열하고 순차적으로 처리하게 하는 알고리즘을 이용한 튜링 머신을 만들 수 있었다.

컴퓨팅의 아버지라 불리는 앨런 튜링

사례 1 교육 프로그램 개발

교육 프로그램 개발은 학습자, 내용, 환경 분석, 학습 자료와 활동 설계, 평가 계획 등 여러 가지 수행 항목과 절차로 구성된다. 월터 딕[Dick, W.], 루 캐리[Carey, L.]와 제임스 캐리[Carey, J. O.]는 이 절차를 체계화하여 다음과 같은 교수 설계 모형을 만들었다. 예를 들어 한국에 온 난민들이 한국어를 배울 수 있도록 교육하는 프로그램을 개발하는 교수 설계 절차를 표현한다면 다음 그림과 같다.

한국에 온 난민을 위한 한국어 교육 프로그램 개발 교수 설계 절차

1. 분석 단계 : 학습자, 학습 내용, 학습 환경에 대한 분석을 병행하여 진행한다.
2. 분석한 내용을 바탕으로 한국어 학습의 목표를 설정한다.
3. 학습 결과를 측정할 수 있는 평가 계획과 평가 도구를 설계한다.
4. 앞에서 설정한 학습 목표를 달성할 수 있도록 학습 활동과 전략을 설계한다.
5. 한국어 교재와 강의 자료를 개발한다.
6. 프로그램의 효과를 측정할 수 있는 형성 평가를 설계하고 실시한다.
7. 학습자의 한국어 능력을 평가할 수 있는 총괄 평가를 설계하고 실시한다.
8. 교육 프로그램을 실행한다.
9. 각 단계에서 생성되는 피드백을 바탕으로 유기적으로 프로그램을 수정/개선한다.

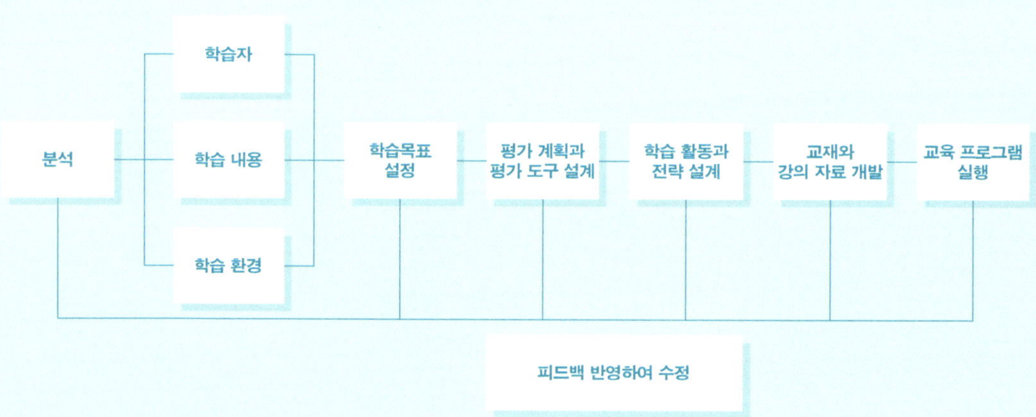

사례 2 대학 축제에서 콘서트 기획 절차

대학 축제에서 콘서트를 개최하려면 초청 가수를 섭외하고, 무대 장치를 설치하고, 홍보하는 등의 다양한 일을 팀원들이 맡아 시일에 맞춰 수행해 내야 한다. 콘서트를 개최하기 위한 절차적 설계를 간트 차트로 표현하여 보자.

내용		3월	4월				5월				달성 기준
		4주	1주	2주	3주	4주	1주	2주	3주	4주	
회계팀	학교본부회의	■									무료, 보건복지부 인증
	예산 확정		■								
	예산 1차 지급					■					
	예산 2차 지급								■		
섭외팀	공연자 연락		■	■							공연자 5인 / 팀 예산 내 섭외
	섭외 확정			■	■						
	일정 재확인								■		
무대팀	무대 조명 기획		■	■	■						콘셉트에 맞는 공연 내용 구성
	업체 선정				■						
	공연자와 무대 조율					■	■	■			
	무대 설치 완료								■		
홍보팀	참가 이벤트 기획			■	■						포스터 100장 부착, 청중 300명 이상 모집
	홍보 포스터 제작					■					
	포스터 부착 및 관리					■	■	■	■		
안전관리팀	안전 요원 모집		■	■	■	■					안전 요원 30명 확보, 공연 중 무사고
	안전 지침 확정				■	■					
	안전 요원 교육							■	■		
중앙관리팀	전체 회의 진행	■	■	■	■	■	■	■	■		주당 1회 회의
	행사 진행 및 관리									■	

활동 1

SMART 목표 설정하기

우리 팀의 문제 해결안이 마지막에 달성하고자 하는 결과는 무엇인지를 스마트 목표에 맞게 적어 보자.

질문	답안
Specific 구체적인	
Measurable 측정 가능한	
Achievable 달성 가능한	
Relevant 목적과 관련된	
Timely 마감 기한이 있는	

목적 :

문제 정의 :

해결안 :

목표 :

셀프 체크리스트

- 문제 해결안이 구체적인가? ☐
- 문제 해결안이 측정 가능한가? ☐
- 문제 해결안이 달성 가능한가? ☐
- 문제 해결안이 목적과 관련되어 있는가? ☐
- 문제 해결안에 마감 기한이 제시되어 있는가? ☐

활동 2

절차표 만들기

문제 해결안 실행의 각 과정에서 기대하는 결과를 상세하게 기술한 후 역할을 분담해 보자. 담당자와 시기를 구체적으로 결정하도록 한다.

업무/기대하는 결과	담당자	시작 날짜 — 마감 날짜

셀프 체크리스트

- 문제 해결안에서 기대하는 결과가 기술되었는가? ☐
- 각 업무에 배정된 담당자가 있는가? ☐
- 일의 양이 실현 가능한가? ☐
- 일의 양이 불공평하게 배분되지 않았는가? ☐

MEMO

활동 3 간트 차트 만들기

우리 팀이 문제 해결안을 구현할 수 있도록 단계별 수행 내용을 작성하고 담당자와 일정 등의 절차를 설계해 보자.

내용	담당자	일정								달성 기준

셀프 체크리스트

- 각 업무가 순차대로 나열되었는가? ☐
- 각 업무의 시작 시기와 종료 시기가 표에 맞게 표시되었는가? ☐
- 각 업무의 달성 기준을 작성하였는가? ☐

MEMO

구현하기

문제 찾기	문제 이해			해결안 탐색			해결안 설계와 적용	
공감하기	문제 분석	핵심 파악	문제 정의	문제 분해	발산하기	패턴의 응용	절차적 설계	구현하기

※ 활용한 활동에 ○표시를 하거나 활용한 순서대로 번호를 써 보세요. 복수로 선택할 수도 있습니다.

구현하기는 해결책을 제작하거나 가시화하는 단계로, 문제를 해결하는 데 꼭 필요한 기능만을 넣어 사전 제작을 해 보는 것이다. 이 과정에서는 해결 방안의 핵심 요소가 제대로 문제를 해결하는지 테스트하여 오류나 위험을 미리 예측해야 한다. 그리고 해결 방안을 분석하고 수정 보완하여 최적의 방안을 찾아내도록 반복하는 것이 구현하기의 핵심이다. 만약 구현한 해결 방안이 제대로 기능하지 못할 경우에는 해결안 구상의 단계로 되돌아가서 다른 아이디어를 탐색하거나, 해결 방안 절차를 기술한 단계로 되돌아가서 차선책을 실행해 보아야 한다. 구현하기에서는 해결 방안을 재빠르게 시각화하여 전달하는 것이 중요하기 때문에 정교함, 외형 디자인 등에 대해서는 중요하게 생각하지 않는다.

해결안을 만드는 것은 문제 찾기—문제 이해—해결안 구상의 단계를 전체적으로 바라보고 표현해 보는 통합적 단계이다. 해결안을 구현해 보면, 우리가 명시적으로 표현되는 의견만 수집하였는지, 맥락과 필요에 의해 찾은 문제였는지를 판단할 수 있다. 불명확하게 정의된 문제를 잘 분석하고 분해하여 진짜 문제로 만들었는지, 그 문제를 해결하기 위해 창의적이고 혁신적인 관점으로 접근하였는지도 파악할 수 있다.

구현하기에서는 여러 번 시행착오를 겪을 수 있다. 실제로 만들어 보는 것은 말과 글의 언어적 표현으로 기술하는 것과 전혀 다른 행동 양식이기 때문이다. 테스트를 하고 수요자들에게 피드백을 받는 과정을 통해 우리가 찾은 해결 방안이 기대한 결과를 가지고 오는지 반드시 확인해야 한다.

1 다양한 구현 방법들

구현하기에서 가장 활발하게 일어나는 제작 방법은 종이를 활용하는 것이다. 예를 들어 앱을 개발한다고 할 때에는 단계별 과정을 종이로 표현하여 앱이 실행되는 모습을 보여 줄 수 있다. 또한 종이에 스케치를 한다거나, 박스나 두꺼운 종이를 활용하여 직접 모형물을 제작할 수도 있다. 종이를 활용하여 레이아웃이나 상황의 뼈대를 그리고 수정하는 와이어프레임을 만들 수도 있다.

종이를 활용한 구현 사례

주변에서 손쉽게 구할 수 있는 재료를 활용하여 아이디어나 문제 해결 방안을 가시화하는 물리적 구조물 제작 작업도 가능하다. 깡통, 종이컵, 빨래집게, 풀 등을 활용하여 제작해 볼 수 있다. 물리적인 공간을 만들 수도 있고, 시제품을 만들어 볼 수도 있다. 때로는 제작한 결과물로 공간을 구성하여 상황극을 연출할 수도 있다. 상황극을 이용하여 해결안이 얼마나 유용한지를 테스트해 볼 수 있기 때문이다.

주변 재료를 활용한 구현 사례

2 테스트 및 피드백

구현하기 과정은 주변 사람들이나 실사용자들에게 해결 방안이나 아이디어를 테스트하여 피드백을 받기 위한 목적을 가지고 있다. 구현하기에서는 실수 없게 만드는 것보다, 만들어 낸 결과물을 테스트하여 추후 발생할 수 있는 오류나 실수를 줄이는 것이 중요하다. 따라서 구현하기 과정에서는 제작비용이 적게 들어야 하고, 빨리 만들어야 하며, 쉽게 제작할 수 있어야 한다. 그렇게 해야 테스트와 피드백이 지속적으로 반복할 수 있기 때문이다.

테스트는 해결 방안의 유용성, 구현 가능성, 질적 수준 등을 측정하는 평가 행위이다. 테스트는 끊임없이 개선을 위한 시도를 하게 만들며, 어떻게 하면 우리가 구현한 결과물을 더 정교하고 더 효율적이고 더 신뢰성을 갖고 더 쉽게 사용할 수 있도록 만들 수 있을까에 대해 고민하게 만든다. 테스트 결과, 우리가 구현한 결과물에서 오류가 발견되었을 때는 다른 시각으로 문제를 살펴보고, 다른 재료를 이용해 보는 등의 활동이 필요하다.

스토리 쇼핑카트 디자인 프로젝트

IDEO에서 제작한 쇼핑카트

세계적 디자인 기업 IDEO는 2000년 미국 ABC 방송국으로부터 5일 안에 쇼핑카트를 새롭게 디자인하라는 요구를 받았다. 이 프로젝트에 참여한 사람들은 공학자, 언어학자, 마케팅 전문가, 심리학자, 생물학자 등 다양했다. 이들은 쇼핑카트로 인해 1년에 2만 2천 명의 어린이들이 부상을 당한다는 사실, 쇼핑카트가 상당수 도난당한다는 사실, 쇼핑카트는 프라이버시 보호가 안 된다는 사실 등을 파악한 뒤, 실사용자를 찾아가 그들이 원하는 것이 무엇인지를 알아냈다. 직접 현장에 나가 보고 들은 것들, 새로 알아낸 정보 등을 공유하며 진짜 해결해야 하는 문제가 무엇인지를 찾아낸 것이다. IDEO에서는 한 번에 한 번의 대화, 주제에 집중하기, 정제되지 않은 아이디어를 끌어내기의 3원칙을 가지고, 아이디어를 공유하여 구체화하고 발전시켰다. 쏟아진 수많은 아이디어를 벽에 게시하고, 이후 유의미한 아이디어를 선정하였다. 그들은 선정한 아이디어를 모형 카트로 실제 제작해 보면서, 아이디어를 구체화했다. 이들은 최선의 요소를 골라내어 최종 모형 쇼핑카트를 완성해 냈다.

사례 미제레오르의 'The Social Swipe' 캠페인

독일 공익 단체 미제레오르(MISEREOR)는 사람들에게 새로운 기부 경험을 선사해 주는 광고를 만들었다. 디지털 광고판에 빵을 놓고, 신용카드로 그 중간을 긁을 수 있도록 만들었다. 사람들이 신용카드로 빵을 자르면 2유로가 기부되면서, 빵 한 조각을 가지고 간다. 즉 기부하면 빈민국의 아이들에게 빵이 전달되는 것을 시각적으로 표현한 것이다. 이 캠페인은 재미있는 경험과 공익성을 동시에 제공하면서 디지털 기술을 활용해 상호 작용성을 높였다. 이렇게 가시적으로 기부 행위를 보여 준 미제레오르의 사례는 기부 결과를 직관적으로 보여 줌으로써 새로운 기부 문화를 창출하였고, 2014년 칸 국제 광고제에서 수상하였다.

The Social Swipe의 광고판

활동 1

우리 팀에서 설계한 아이디어를 구현해 보자. 최소의 준비물로 가능한 빠르게 만들어 볼 수 있도록 한다.

사진 1

사진 2

셀프 체크리스트

- 아이디어를 최대한 구체화하고 가시적으로 표현했는가? ☐
- 가능한 빠른 시간 내에 만들려고 노력했는가? ☐
- 최소의 비용으로 만들었는가? ☐

활동 2

다른 팀의 학생이나 실사용자들에게 우리 팀에서 구현한 결과물을 테스트해 보도록 한다. 구현한 결과물을 보여 주고, 우리 팀에서 해결하고자 하는 방안을 그들이 이해하고 깨달을 수 있도록 한다. 무엇을 질문할 것인지 생각하고, 사용자들로부터 얻어낸 피드백을 적어 보자. 구현한 결과물에 나타난 오류나 문제점은 무엇인가? 어떻게 해결하고자 하는지 그 과정과 결과를 적어 보자.

차수	테스트 대상자	오류 및 문제점	개선 방안	비고
1				
2				
3				

셀프 체크리스트

- 해결하고자 하는 문제에 대해 충분히 설명하였는가? ☐
- 테스트를 하는 과정에 제작자의 의도나 관점이 들어가지 않았는가? ☐
- 오류나 문제점을 찾기 위해 다양한 관점으로 바라보았는가? ☐
- 최종 결과물은 최선의 요소를 골라 완성하였는가? ☐
- 구현한 제작물이 추구하는 아이디어를 사용자가 충분히 이해했는가? ☐
- 피드백을 수용하여 더 나은 해결 방안을 제시했는가? ☐

활동 3 최종 결과물에 대해 평가를 내려 보자.

평가 기준	구현 결과물 1	구현 결과물 2
기능성		
사용 편의성		
효율성		
유지보수성		
심미성		

셀프 체크리스트

- 평가 기준을 적절하게 선정했는가? ☐
- 구현 결과물에 대해 객관적으로 평가했는가? ☐

부록

설문 조사

설문 조사는 응답자의 생각, 의견, 태도 등을 측정하기 위해 질문이나 문제를 만들어 일반화된 정보를 얻는 방법으로, 기존에 제시된 자료로부터 파악하기 힘든 정보를 직접 조사할 필요가 있을 때 사용한다. 먼저 설문 조사를 진행하는 목적과 알아내고자 하는 것이 무엇인지를 확인하고 그에 따라 설문 문항을 구성하여 설문을 시행한다.

1. 설문의 유형

설문 조사는 대면 설문과 온라인 설문으로 나눌 수 있다. 대면 설문은 설문 응답자를 확보하기에 유리하지만, 시간과 노동력이 많이 든다. 온라인 설문은 네이버 폼, 구글 설문 조사 등 매체를 이용하여 작성하고 설문 대상자에게 이메일, 문자 메시지 등을 보내거나 SNS에 포스팅하여 결과를 수집한다. 온라인 설문은 시간과 노동력이 상대적으로 적게 들지만, 응답자의 참여도가 낮을 수 있다.

2. 설문의 구성

가톨릭대학교 내 유기견/유기묘에 대한 구성원 인식 조사

▶ 제목 : 설문의 목적과 내용을 압축하여 전달한다.

안녕하십니까? 저희는 가톨릭대학교 〈키스톤디자인: 창의설계〉 수업에서 교내 동물의 복지 향상 방안을 연구하고 있는 "캣홀릭"팀입니다. 본 설문에서는 교내에 서식 중인 유기견/유기묘에 대한 여러분의 인식을 알아보고자 합니다. 설문 문항은 반려동물 현황과 향후 관리 방법에 대해 의견을 묻는 객관식/주관식 10문항으로 구성되어 있습니다. 예상 소요 시간은 10분 내외입니다. 귀하의 의견은 익명으로 처리되며 비밀이 보장되오니 솔직한 응답을 부탁드립니다. 설문에 참여해 주셔서 감사합니다.

▶ 서론부 : 조사자의 신분, 설문의 목적, 설문 결과의 활용 방안을 안내한 후, 응답자의 동의를 구한다. 이는 고지된 동의(Informed Consent)를 구하는 것이다.

2025.10.31.

가톨릭대학교 키스톤디자인 창의설계 13반 캣홀릭팀
cukcats012@catholic.ac.kr

▶ 조사자 정보 : 소속, 팀이름, 연락처(이메일)를 밝힌다.

1. 본교에 유기견/유기묘가 있다는 것을 알고 계십니까?
   ① 예 ② 아니오

2. 본교에서 서식하는 유기견/유기묘를 위한 구성원들의 역할은 무엇이라고 생각하십니까?
   ① 교내에서 잘살 수 있도록 돌봐 주어야 한다.
   ② 유기 동물 전문 관리업체에 위탁하여야 한다.
   ③ 기타 : ______________________

▶ 응답이 쉽고 포괄적인 질문으로 시작하여 까다롭고 세부적인 질문의 순서로 설문을 구성한다.

▶ 다양한 의견을 수집해야 할 경우, 기타로 주관식 응답을 쓸 수 있게 한다.

3. 연약하고 불쌍한 유기견/유기묘의 안전과 복지를 위해 교내 구성원의 기부를 받는 것에 반대하십니까?
① 반대한다　② 반대하지 않는다　③ 좋다

▶ 유도성 있는 질문은 하지 않는다.
▶ 선택지는 명확하게 구분되도록 구성한다.

4. 유기견/유기묘를 위해 시간을 내어 봉사하고 금액을 기부하는 데에 동의하십니까?
① 예　② 아니오

▶ 하나의 질문에 한 가지 내용만을 담는다.

5. 귀하의 성별은 무엇입니까?
① 남　② 여　③ 응답 거부

6. 귀하의 신분은 다음 중 어디에 속합니까?
① 재학생/휴학생　② 졸업생　③ 교직원　④ 일반인
⑤ 기타 : ____________________

▶ 성별, 연령, 신분, 전공, 거주 지역 등 인구 통계학적 특성에 관한 질문이 필요한 경우 설문의 마지막에 포함시킨다.

※ 설문에 응답해 주셔서 감사합니다.

▶ 인사하며 마무리한다.

3. 결과 분석과 보고

수거한 설문지는 엑셀, SPSS 등에 문항별로 응답을 입력하도록 한다. 입력한 자료는 다음과 같이 분석하여 결과를 보고한다. 온라인 설문의 경우에는 매체에서 통계 결과를 그래프와 함께 제공하는 경우도 있어 이 단계를 생략할 수 있다.

- 응답 대상의 인구 통계학적 특성을 빈도(명)와 비율(%)로 밝힌다.
- 객관식 설문은 빈도(횟수), 비율(%)로 분석하나, '전혀 그렇지 않다', '그렇지 않다', '보통이다', '그렇다', '매우 그렇다' 등으로 구성되는 리커트 척도의 경우 각 항목을 점수로 환산하여 평균과 표준 편차를 제시할 수도 있다.
- 주관식 설문은 응답의 유형을 분류하여 빈번한 응답 중심으로 제시하고, 그 외 소수 응답이지만 의미 있는 경우도 제시할 수도 있다.
- 분석 결과는 표와 그래프로 나타내며, 무엇을 나타내고자 하는지에 따라 적절한 유형의 그래프를 선택하여 제시한다(집단 간 차이 비교-비교 막대그래프, 비율 분석-원그래프, 추세 분석-꺾은선 그래프 등).

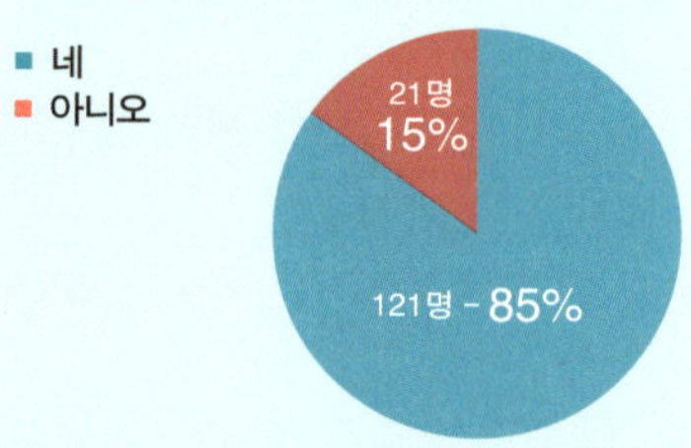

본교 내 유기동물의 존재를 알고 있는가?

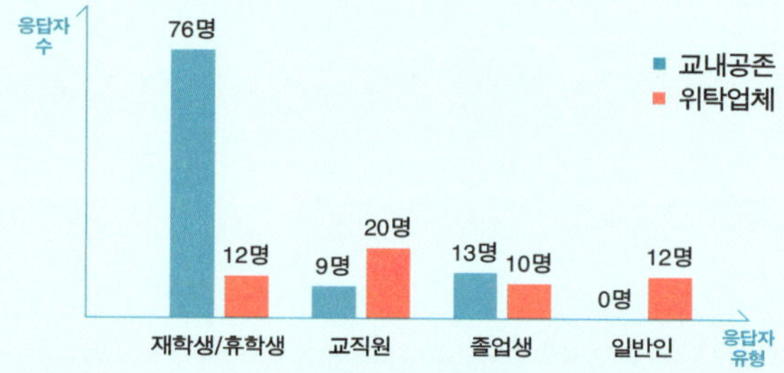

응답자 신분별 교내 유기동물 돌봄 방안

비율 분석을 보여 주는 원그래프　　집단 간 차이 비교 분석을 보여 주는 막대그래프

인터뷰

문제 이해 단계에서 활용하는 인터뷰는 대상자가 어떤 문제 상황에 처해 있으며, 어떤 어려움을 겪고 있는지 파악하기 위한 것이다. 대상자가 겪고 있는 특수한 상황과 경험, 그리고 내밀한 고충은 일반적인 설문 조사나 객관화된 정보를 담은 자료로 파악할 수 없는 경우가 많다. 인터뷰는 일반적인 자료에서 좀처럼 파악하기 어려운 구체적이면서 개별적인 경험을 포착함으로써 문제에 대한 새로운 통찰을 얻게 한다.

1. 인터뷰 유형

인터뷰는 사전에 질문 과정과 방법이 구성된 정도에 따라 구조화 인터뷰, 비구조화 인터뷰, 반구조화 인터뷰로 나뉜다. 구조화 인터뷰는 질문 리스트, 순서, 시간, 방식 등을 정한 후 진행하는 것이고, 이러한 것이 정해지지 않은 것은 비구조화 인터뷰라고 한다. 그리고 이를 절충한 것이 반구조화 인터뷰로, 이는 준비한 핵심 질문을 중심으로 진행하되 대상자의 반응에 따라 적절히 추가 질문을 하는 방식이다. 또한 인터뷰는 대상자의 수에 따라 유형을 나누기도 하는데, 일대일로 이루어지는 인터뷰를 개별 인터뷰, 일대 다수로 이루어지는 인터뷰를 집단 인터뷰라고 한다. 개별 인터뷰는 개인에 대한 심층 분석이 가능하나 시간이 오래 걸리며, 집단 인터뷰는 시간을 단축할 수 있으나 대상자 중 활발하게 의견을 개진하는 사람의 주도하에 인터뷰가 진행될 수 있다는 단점이 있다. 인터뷰의 목적과 상황에 따라 적절한 방법을 선택한다.

2. 인터뷰 사전 준비

1) 대상자 선정 및 사전 동의 취득

설문 조사 및 사전 자료 조사 등을 바탕으로 목적에 적합한 인터뷰 대상자를 선정한다. 대상자를 선정한 뒤, 서면으로 인터뷰 동의서를 받는다.

인터뷰 동의서

안녕하십니까? 인터뷰에 참여해 주셔서 진심으로 감사드립니다.
이 인터뷰는 난민이 겪는 생활상의 어려움, 신분상의 차별, 필요한 지원 방안 등에 대해 귀하의 소중한 의견을 듣고자 진행하는 것으로 1시간 30분가량의 시간이 소요됩니다. 사전에 질문지를 보내드린 후 인터뷰를 진행할 예정입니다.

▶ 인터뷰의 목적, 내용, 절차, 시간을 명시한다.

인터뷰를 하는 동안 인터뷰 내용은 기록되며, 오디오 녹음/동영상 촬영 등이 이루어집니다.

▶ 인터뷰로 인한 불쾌감, 위험, 혜택 등을 설명한다.

귀하의 개인 정보 및 응답 내용에 대한 비밀은 유지될 것이며 프로젝트를 위한 시사점 도출 이외의 목적으로는 활용되지 않습니다. 더불어 이번 학기 프로젝트의 종료와 함께 모든 정보는 안전하게 폐기될 예정입니다.

▶ 비밀 보장과 관련된 내용을 담는다.

질문 내용 중 개인적으로 응답하기 곤란한 사항에 대해서는 응답하지 않으셔도 되며, 인터뷰와 관련하여 건의할 사항이 있는 경우 언제든지 자유롭게 제안해 주시기 바랍니다.	▶ 인터뷰 대상자가 응답을 거부할 수 있는 가능성을 명시한다.
귀하가 참여를 거부하거나 중지하기로 결정하더라도 어떠한 불이익도 없을 것임을 알려드립니다. 이 인터뷰에 대한 충분한 설명을 들었고 이해했으며 참여에 자발적으로 동의하시면 서명해 주시기 바랍니다.	▶ 동의를 요청한다.
날짜 년 월 일 / 서명 (인)	
※ 이 인터뷰에 대해 질문이나 추가 요청 사항이 있으시면 〈키스톤디자인 창의설계 지구방위대 팀〉(keystone@catholic.ac.kr)으로 연락 부탁드립니다.	▶ 담당자의 전화 번호, 이메일 등 연락 방법을 안내한다.

2) 질문지 작성

구조화 인터뷰나 반구조화 인터뷰의 경우 미리 질문지를 작성한다. 구조화 인터뷰에서는 질문의 종류, 순서와 함께 예상되는 소요 시간도 함께 정하여 시간 안에 충실한 인터뷰를 수행할 수 있도록 한다. 반구조화 인터뷰에서는 핵심 질문을 몇 가지 추리고 난 후, 인터뷰 대상자의 응답을 예상해 보아야 한다. 예상 응답에 따른 추가 질문을 생각해 보면 인터뷰를 원활하게 진행하는 데 도움이 된다. 준비된 질문지는 인터뷰 대상자에게 미리 보내 주도록 한다.

3. 인터뷰 진행

1) 태도

인터뷰 대상자를 이해하고 공감하려는 태도가 중요하다. 기본 정보를 묻는 실례를 범하지 않도록 관련 정보를 사전에 숙지하되, 대상자에게 편견이나 선입견을 갖지 않도록 주의한다. 경청하는 자세를 취하며 응답자의 말을 가로막거나 가르치는 등의 행동은 하지 않도록 한다.

2) 인터뷰 진행상의 유의점

인터뷰는 기록자와 질문자 최소한 2인 이상이 함께 진행하는 것이 효율적이나 사적인 경험이나 감정이 노출될 가능성이 있는 인터뷰는 일대일로 진행할 수도 있다. 사전에 녹음/녹화에 대한 양해를 구하며 대상자의 언어적인 표현뿐 아니라 표정, 말투, 몸짓 등 비언어적인 표현에도 집중하여 인터뷰를 진행한다.

- 한 번에 하나씩 질문한다.
- 대상자가 잠시 말을 하지 않을 때, 답변 내용을 정리하는 중일 수 있으므로 재촉하지 않고 기다린다.
- 대상자가 질문의 의도를 이해하지 못하거나, 관련 없는 답변을 할 때에는
  자연스럽게 질문의 의도를 다시 알려 주도록 한다.
- 시간 내에 준비된 질문을 다하는 것보다는 충실한 응답을 듣는 것에 주안점을 둔다.
- 언어적(예: 그건 너무한 것 아닌가요?), 비언어적(예: 찡그림, 고개를 가로저음) 평가는 자제하도록 한다.

4. 결과 분석과 보고

인터뷰 중 기록한 기록물, 녹음본, 녹화본은 모두 결과 분석을 위한 자료가 된다. 인터뷰 질문별로 중요한 응답 내용을 중심으로 분석하되 사실과 의견을 구분하여 정리한다. 녹화본을 보고 표정, 말투, 몸짓 등 비언어적 표현을 포함하여 종합적인 관점에서 분석한다. 다수의 응답자들에게서 공통되게 나타나는 내용을 분석하는 동시에 비록 소수일지라도 의미 있는 결과를 도출할 수 있는 응답을 파악해야 한다.

효과적인 협동 학습 수행을 위한 가이드라인

협동 학습은 팀원이 공통의 목표를 달성하기 위해 여러 작업을 함께 수행하며 배우고 익히는 학습법이다. 〈키스톤디자인: 창의설계〉는 장기간에 걸쳐 진행되는 복합적이고 실질적인 협동 학습이므로, 팀원이 함께 논의하고 결정하며 각자 임무에 충실하여야 협동 학습을 효과적 · 성공적으로 수행할 수 있다.

1. 프로젝트 규약

본격적으로 팀 프로젝트가 시작되기 전에 원활한 협동 학습을 위해 팀원들이 지켜야 할 규약을 만들도록 한다. 팀원들이 자발적으로 규약을 정하고, 이를 지키겠다는 서약을 하여 신뢰의 기반을 만든다. 규약은 개인 간 해석의 차가 없도록 명확하게 만드는 것이 좋다.

(예시) 우리 팀의 활동 규약	팀원	
1. 어떤 아이디어든 비웃지 않고 진지하게 고려해 보기.	이름 :	서명 :
2. 연락을 받으면 24시간 이내에 짧게라도 답장하기.	이름 :	서명 :
3. 자기가 맡은 일의 마감 기한을 지키기.	이름 :	서명 :
4. 다른 팀원의 도움이 필요할 때는 망설이지 말고 도움 요청하기.	이름 :	서명 :
5. 회의록은 돌아가면서 작성하기.	이름 :	서명 :

2. 역할 분담

협동 학습은 분업과 협업으로 나눌 수 있다. 분업은 해야 할 일을 나누어 각자 맡은 부분을 완성하면 전체 활동이 완성되지만, 협업의 경우 팀원이 함께 프로젝트 전 과정에 참여해야 좋은 성과를 낼 수 있다. 〈키스톤디자인: 창의설계〉 프로젝트는 분업과 협업이 동시에 이루어진다. 그러므로 함께 논의하고 결정할 부분에는 모두가 참여하고 업무 분담을 한 이후에는 각자 맡은 역할과 임무를 충실히 이행하여야 한다. 협동 학습에서 자신의 임무를 다하지 않는 것을 무임승차라고 하는데 이는 전체 팀의 사기를 저하시키고 부정적인 학습 결과를 야기할 수 있다. 팀에서 필요한 역할은 팀의 특성상 달라질 수 있으나 대개 다음의 역할로 분담한다.

(예시) 역할	임무
팀장	전체 업무의 목표와 방향을 팀원과 함께 설정하고, 회의를 주재하고 임무를 분담하며 팀의 원활한 활동과 갈등 해결을 총괄한다.
프로젝트 매니저	팀 회의록을 작성하고 팀원들의 업무 진행을 점검하고 마감 기한에 맞추어 완료될 수 있도록 팀장·팀원과 긴밀히 조율하고 소통한다.
크리에이티브 디렉터	동영상, 포스터, 발표안을 기획, 제작하는 데 필요한 업무를 팀원들과 분담하며 총괄한다.
정보의 달인	학술 정보, 통계 자료, 국내외 사례 수집과 정리, 변환, 인용, 참고 문헌 정리 등을 팀원들과 분담하며 총괄한다.
대외협력부장	현장 조사, 설문 조사, 면담 등의 대외 업무를 총괄하며 관계자에게 이메일, 전화, 문자 메시지 등을 통해 요청하며 긴밀하게 접촉한다.

3. 회의록 활용

효과적인 협동 학습이 이루어지기 위해서는 팀원 간에 원활한 의사소통과 함께 팀 과제 수행의 진행 과정과 팀원 각자의 책무를 확인할 수 있는 회의록 작성이 필수적이다. 효과적인 협동 학습을 위해 각 팀별로 온라인에 공동 학습 활동 공간을 마련하고 지속적으로 회의록을 탑재하여 참조한다. 회의록의 작성 방법을 숙지하고, 회의록에는 회의 일시, 장소, 회의 목적, 참석자, 회의 내용, 회의 결정 사항 및 임무 분담 등을 상세히 기록한다.

〈회의록 작성 사례〉

<table>
<tr><th colspan="4">회의록</th></tr>
<tr><td>팀 이름</td><td colspan="3">예시롭조</td></tr>
<tr><td>회의 목적</td><td colspan="3">팀 과제 수행을 위한 기획 회의</td></tr>
<tr><td>회의 일시</td><td>2025년 10월 30일
18시 00분~19시 00분
(제1차 회의)</td><td>장소</td><td>M406</td></tr>
<tr><td rowspan="3">구성원</td><td>기록자</td><td colspan="2">이연○</td></tr>
<tr><td>참석자</td><td colspan="2">강여○, 전지○, 이남○, 양지○</td></tr>
<tr><td>불참자
(불참 사유)</td><td colspan="2">없음</td></tr>
<tr><td>지난 회의 결정 사항
수행 결과 확인</td><td colspan="3">해당 없음</td></tr>
<tr><td>본 회의 주요 논의 및
결정 사항</td><td colspan="3">1. 조장은 강여○으로 결정
2. 발표 전까지 최소 주 1회 모임 개최
3. 첫 주는 텍스트 분석 중심, 둘째 주는 텍스트 활용 중심 연구
- 텍스트 분석은 상호 교차 검토
- 텍스트 분석에 필요한 참고 문헌 각자 검색 후 단톡방에 업로드</td></tr>
<tr><td>임무 분담 및
다음 회의 일정</td><td colspan="3">1. 1장 분석 및 사례 조사 : 박세○
2. 2장 분석 및 사례 조사 : 이은○
3. 3장 분석 및 사례 조사 : 차은○
4. 4장 분석 및 사례 조사 : 전지○
- 다음 회의 일정 : 2025년 11월 6일 18시
- 각자 1장부터 4장까지를 읽고, 전체 내용 파악 후 도서관, 학술DB를 활용하여 참고 문헌 검색 후 목록 작성</td></tr>
<tr><td>첨부 자료</td><td colspan="3">해당 사항 없음</td></tr>
</table>

참고 자료의 활용과 출처 작성법

참고 자료는 아이디어 발산, 패턴의 응용, 절차적 설계 등 여러 단계에서 필요할 때마다 활용하도록 한다. 이때 주의해야 할 점은 다른 사람의 아이디어나 글을 윤리적인 의식 없이 내 것인 양 사용해서는 안 된다는 것이다. 확보한 자료를 표절, 변조, 위조하지 않도록 주의해야 하며 참고한 자료는 출처 작성법에 맞추어 올바르게 작성한다.

1. 표절

표절이란 다른 사람의 아이디어나 글을 가져와 자신의 것처럼 사용하는 행위를 말한다. 적은 분량이든 많은 분량이든 다른 사람의 아이디어나 글을 가져와 쓰는 경우에는 누구의 것인지, 어디에서 본 것인지 출처를 정확하게 제시해야 한다.

다른 사람의 글을 그대로 가져올 경우에는 출처를 제시하는 것으로만 그쳐서는 안 되며 인용 부호인 큰따옴표를 사용하거나 인용 단락을 따로 만들어 자신의 글과 확실하게 구분이 되도록 작성하여야 한다. 그리고 다른 사람 혹은 단체나 기관의 표, 그래프, 그림, 데이터 등을 가져올 경우에는 그대로 전부 사용하지 말고 일부분만 사용하는 것이 좋다. 물론 일부를 사용하든 전부를 사용하든 작성자가 어떤 의도로 그것을 만들었는지 간략한 소개를 덧붙이고 출처를 정확하게 제시하여야 한다.

이렇게 인용 방법을 따르고 출처를 제시하였다고 하더라도 자신의 글의 15~20% 이상이 다른 사람의 글과 유사한 경우 윤리적으로 문제가 되므로 제재를 받을 수 있다. 다시 말해 인용만으로 이루어진 글, 일명 '짜깁기 글'은 하나의 저작물로 인정받기 힘들다.

2. 변조

변조란 참고한 자료를 왜곡하여 기술하거나 표, 그래프, 데이터 등을 조작하는 행위를 말한다. 즉 존재하는 무엇인가를 가공하여 이익을 취하는 행위라고 할 수 있다.

확보한 연구 논문이나 신문 기사 등 문헌 자료를 읽고 그것을 활용하면서 본래의 맥락과는 다른 의도로 내용을 설명하거나 일부분만 자신에게 유리한 방향으로 인용하는 경우가 이에 해당한다. 또한 연구 재료나 장비를 인위적으로 조작하거나 원하는 결과를 얻기 위해 연구 방법을 조작하는 행위, 데이터를 누락하거나 조작하는 행위 등이 변조에 해당한다.

아무리 인용법이나 출처 작성법을 잘 지킨다고 하더라도 본래의 저작물에 함부로 손을 대어 변조가 이루어질 경우 윤리적으로 문제가 발생할 수 있다는 점을 기억해야 한다.

3. 위조

위조란 현존하지 않는 것을 거짓으로 만들어 내는 행위를 말한다. 자신이나 팀의 주장에 설득력을 갖추기 위하여 실재하지 않는 표, 그래프, 데이터 등을 만들어 낸다든지 문서를 허위로 작성하는 행위가 이에 해당한다.

관찰과 실험을 하지 않고서 마치 그것을 행한 것처럼 꾸미거나, 설문 조사와 인터뷰를 하지 않고서 한 것처럼 응답 내용을 만들어 내는 것은 위조 행위이다. 또한 졸업장이나 입장권, 그 외 증명서 등 문서를 허위로 만들어 내거나, 자신이 경험하지 않은 것을 경험한 것인 양 꾸미는 행위도 위조에 해당한다.

결과적으로 이익을 얻든 그렇지 않았든 어떤 경우에도 위조는 윤리적인 문제를 넘어서서 범법 행위가 될 수 있다.

출처 작성 방법

- **동양서의 경우** : 글쓴이, 『책 이름』, 출판사, 출판 연도, 인용한 쪽수.
  - 김우창, 『궁핍한 시대의 시인』, 민음사, 2015, 108쪽.
  - 유네스코한국위원회, 『한 시민의 쓰레기 연구: 도시 쓰레기, 지구적 문제』, 따님, 1996, 32쪽.

- **서양서의 경우** : 글쓴이, 책 이름(이탤릭), 출판지: 출판사, 출판 연도, 인용한 쪽수.
  - Crosswhite, James, *The Rhetoric of Reason*, The University of Wisconsin Press, 1997, p.41.
  - Kennan, George, *American Diplomacy*, Chicago: Univ. of Chicago Press, 1970, p.127.

- **번역서의 경우** : 글쓴이, 『책 이름』, 옮긴이, 출판사, 출판 연도, 인용한 쪽수.
  - 정약용, 『목민심서』, 다산연구회 옮김, 창작과비평사, 2018, 80쪽.
  - 스티븐 호킹, 『시간의 역사』, 김동광 옮김, 까치, 1998, 114~115쪽.

- **동양 논문의 경우** : 글쓴이, 「논문 제목」, 『학술지명』, 제○권, 학술지 발행 기관, 출판 연도, 인용한 쪽수.
  - 이승하, 「소설 〈토지〉의 지식인 유형에 따른 현실 대응 양상 연구」, 『배달말』, 제35호, 배달말학회, 2004, 184~185쪽.

- **서양 논문의 경우** : 글쓴이, "논문 제목", 학술지명(이탤릭), vol.○○, 출판 연도, 인용한 쪽수.
  - Becher, Tony, "Disciplinary Discourse", *Studies of Higher Education*, vol.12, 1987, p.261.

- **신문 기사의 경우** : "기사 제목", 〈신문 이름〉, 발간 일자.
  - "학생증 재발급 무상화, 분실로 인한 금전적 부담 덜었다", 〈가톨릭대학보〉, 2019.05.21.

- **인터넷 매체 기사의 경우**(동영상 포함) : "기사 제목", 〈인터넷 매체 이름〉, 작성 일자, 사이트 주소(접속일).
  - "스마트시대 기업들은 스펙 대신 공감 능력 있는 인재 원한다", 〈중앙일보〉, 2018.01.15, http://news.joins.com/article/22285976(접속일: 2018.01.20.).

- **백과사전의 경우** : 집필진, 「항목 이름」, 『사전 이름』, 출판사, 출판 연도.
  - 서울대학교역사연구소, 「민주주의」, 『역사용어사전』, 서울대학교출판문화원, 2015.

참고 문헌

- 곤노 노보루, 『디자인 씽킹』, 노경아 옮김, 생각정리연구소, 2018.
- 김영채, 『사고력 : 이론, 개발과 수업』, 교육과학사, 2004.
- 김현철, 『데이터로 표현하는 세상』, 고려대학교 출판부, 2010.
- 다카하시 마코토, 『브레인라이팅』, 송수영 옮김, 이아소, 2010.
- 대니얼 링, 『디자인씽킹 가이드북』, 김정동·김용우·김흥수·황석형 옮김, 생능출판, 2017.
- 로버트 루트번스타인·미셸 루트번스타인, 『생각의 탄생』, 박종성 옮김, 에코의 서재, 2007.
- 송동주 · 박재호 · 강상희, 『디자인싱킹』, 영남대학교출판부, 2017.
- 오일석, 『패턴인식』, 교보문고, 2008.
- 이오누에 다쓰히코, 『왜 케이스 스터디인가』, 송경원 옮김, 어크로스, 2014.
- 장라세구, 『튜링(인공지능 창시자)』, 임기대 옮김, 동문선, 2003.
- 제러미 리프킨, 『공감의 시대』, 이경남 옮김, 민음사, 2010.
- 조준동, 『창의융합 프로젝트 아이디어북』, 한빛아카데미, 2017.
- 존 판던, 『열정의 과학자들 : 유클리드에서 스티븐 호킹까지』, 김옥진 옮김, 아이세움, 2013.
- 존 하워드 그리핀, 『블랙 라이크 미』, 하윤숙 옮김, 살림 출판사, 2009.
- 존 힐 · 테리 맥크리 · 콜브, 『생각의 탄생』, 박종성 옮김, 라이프사이언스, 2014.
- 한국박물관연구회 엮음, 『한국의 박물관 5』, 문예마당, 2005.

□ Locke, Edwin, Latham, Gary P., “Goal-setting theory”, *Organizational behavior 1: Essential theories of motivation and leadership*, 1994, pp.159~183.

□ Dick, Walter, Carey, Lou, Carey, James O., *The systematic design of instruction*, New Jersey: Pearson, 2009.

- 캘리포니아주립대학교 치코 미리엄도서관 자료평가방법
  http://libguides.csuchico.edu/LiteratureReviews?p=2822716(접속일 : 2019.08.12.).
- 국립중앙박물관 홈페이지
  http://www.museum.go.kr(접속일 : 2019.08.12.).
- 개발도상국 시력센터 시력교정방법
  http://www.vdwoxford.org/ourwork/#correctionmethods(접속일 : 2019.08.12.).
- 스탠포드대학교 D.스쿨 홈페이지
  https://dschool.stanford.edu(접속일 : 2019.08.12.).
- 칼스버그 맥주회사 홈페이지
  https://carlsberggroup.com(접속일 : 2019.08.12.).
- 공감의 뿌리 프로그램 홈페이지
  https://rootsofempathy.org(접속일 : 2019.08.12.).
- 그린피스, 루도비코 에이나우디의 8만 명과 함께한 북극을 구하기 위한 피아노 연주
  https://www.greenpeace.org/international/story/7570/ludovico-einaudi-performs-with-8-million-voices-to-save-the-arctic(접속일 : 2019.08.12.).

■ IDEO 디자인회사 홈페이지
https://www.ideo.com(접속일 : 2019.08.12.).
■ 자선단체 미제레오르 홈페이지
https://www.misereor.de(접속일 : 2019.08.12.).
■ 런던 펀치드렁크 극단 슬립노모어
https://www.punchdrunk.org.uk/sleep-no-more(접속일 : 2019.08.12.).

키스톤디자인
창의설계

제1판 제1쇄 펴낸날 • 2019년 8월 22일

지은이 • 가톨릭대학교 학부대학
펴낸이 • 원종철
펴낸곳 • 가톨릭대학교출판부

주소 • 03083 서울시 종로구 창경궁로 296-12
전화 • 02-740-9718
전송 • 02-745-9793
전자우편 • cukpress@catholic.ac.kr
홈페이지 • http://press.catholic.ac.kr
인쇄제작 • 재영아트
등록번호 • 제300-1989-1호(1989년 1월 13일)

ISBN 978-89-7108-320-8 13370

이 도서의 국립중앙도서관 출판예정도서목록(CIP)은 서지정보유통지원시스템 홈페이지(http://seoji.nl.go.kr)와
국가자료종합목록 구축시스템(http://kolis-net.nl.go.kr)에서 이용하실 수 있습니다.(CIP제어번호 : CIP2019031463)

값 13,000원